de Gruyter Lehrbuch

Hesse / Kirsten · Einführung in die Programmiersprache MUMPS

Stephan Hesse · Wolfgang Kirsten

Einführung in die Programmiersprache MUMPS

W DE G

Walter de Gruyter · Berlin · New York 1983

Stephan Hesse
Wolfgang Kirsten
Mitarbeiter am Zentrum der Medizinischen Informatik,
Abteilung für Dokumentation und Datenverarbeitung,
des Klinikums der Johann Wolfgang Goethe-Universität,
Frankfurt

CIP-Kurztitelaufnahme der Deutschen Bibliothek

Hesse, Stephan:
Einführung in die Programmiersprache MUMPS / Stephan Hesse;
Wolfgang Kirsten. – Berlin; New York: de Gruyter, 1983
(De-Gruyter-Lehrbuch)
ISBN 3-11-009746-X
NE: Kirsten, Wolfgang

Druck: Gerike GmbH, Berlin.
Bindearbeiten: Lüderitz & Bauer, Berlin.

Geleitwort

MUMPS hat seinen Namen vom Massachusetts General Hospital. Es wurde dort unter der Leitung von Dr.G.Octo Barnett Mitte der sechziger Jahre entwickelt. Lange Zeit galt es als Geheimtip für leistungsfähige Dialogsysteme mit minimiertem Programmieraufwand auf Kleinrechnern.

Mit der Standardisierung durch das American National Bureau of Standards 1976 wurde ein bislang unerreichtes Maß an Portabilität erzielt. Seitdem gibt es Tausende von Installationen weltweit mit starken Benutzergruppen in Japan, USA, Südamerika und Europa. Standard MUMPS Programme laufen unverändert auf Personalcomputern, "klassischen" Mini-Implementationen und Großsystemen - mit oder ohne eigenes Timesharing Betriebssystem.

In mancher Hinsicht kann MUMPS als Geheimwaffe gegen die Softwarekrise verstanden werden, es erlaubt:

- Hardwareunabhängigkeit in bisher ungekanntem Ausmaß

- Programmaustausch weltweit

- Sicherung der Softwareinvestitionen insbesondere bei der so wichtigen Benutzerschnittstelle

- Schaffung hochkomplexer Anwendungsgeneratoren mit minimalem Programmieraufwand

- optimierte Datenhaltung für Texte.

MUMPS hat bisher ein Schattendasein geführt. Es verdient wegen seiner Leistungsfähigkeit mehr Beachtung. Als Leiter der Abteilung für Dokumentation und Datenverarbeitung am Klinikum der Johann Wolfgang Goethe-Universität und Executive Secretary der MUMPS Users' Group Europe freue ich mich über das Erscheinen einer deutschsprachigen Einführung in die Sprache. Meine Mitarbeiter haben sie, angesteckt durch die Idee, opferbereit an Feierabenden und langen Wochenenden auf dem Boden ihrer Kurserfahrung ausgearbeitet. Ihnen gebührt Dank und Lob, dem Buch weite Verbreitung!

W. Giere, im Mai 1983

Vorwort

MUMPS ist eine der wenigen von der amerikanischen Normierungsbehörde standardisierten höheren Programmiersprachen. Trotzdem ist sie in weiten Fachkreisen nur wenig bekannt. MUMPS ist das Akronym für 'Massachusetts General Hospital's Utility Multiprogramming System'.
MUMPS ist eine interpretative Sprache, deren Vorzüge sich stichwortartig folgendermaßen charakterisieren lassen:

1. Die Sprache enthält eine komplette Datenhaltungs- und -verwaltungskomponente.

2. Die Sprache enthält leistungsfähige Funktionen und Operatoren für komplexe Textverarbeitung.

MUMPS ist eine nichtmathematische Programmiersprache. Das bedeutet, daß die Konzeption der Sprache hauptsächlich nichtnumerische Anwendungsgebiete vorsieht. Ihre Hauptanwendungen liegen im Bereich der Textmanipulation und Datenverwaltung.
Beispielsweise wurde die gesamte Textverarbeitung dieses Lehrbuches mit MUMPS-Programmen vorgenommen.

MUMPS ist eine prinzipiell einfach zu erlernende Sprache. Selbst ein Anfänger, der bisher keinen oder nur wenig Zugang zur Informatik gefunden hat, kann nach kurzer Zeit einfache Aufgaben programmieren. Andererseits enthält die Sprache ungewöhnliche Sprachelemente - etwa die zur dynamischen Veränderung von Programmen - die es dem erfahrenen Programmierer gestatten, komplexe Software zu erstellen.

MUMPS wurde ursprünglich für den Einsatz auf Minicomputern entworfen. Seit neuerer Zeit ist aber MUMPS auch zu einem erstaunlich günstigen Preis auf vielen Mikrocomputern verfügbar. Wir haben die einfache Implementierungsprozedur von MUMPS auf einem Mikrocomputer unter dem Betriebssystem CP/M beschrieben, das gegenwärtig eine Art de facto Standard darstellt. Der interessierte Leser findet die Bezugsquelle im Anhang.

An welchen Leserkreis richtet sich dieses Buch?

In erster Linie ist es für den Anfänger im Programmieren gedacht, der eine einfache und doch vielseitige Programmiersprache erlernen möchte. Derjenige Leser, der schon über Programmiererfahrung in MUMPS verfügt, kann es als Nachschlagewerk verwenden, zumal der Sprachstandard von 1982 an allen Stellen komplett berücksichtigt wurde. Es wendet sich aber auch an alle, die mit Programmsystemen arbeiten, die in MUMPS geschrieben wurden und schließlich an den Informatiker, der eine standardisierte Sprache mit integrierter Datenhaltung kennenlernen möchte.

Der Inhalt des in 5 Kapitel gegliederten Manuskriptes läßt sich wie folgt charakterisieren. Das erste Kapitel enthält neben einfachen allgemeinen Konventionen noch einmal eine Zusammenfassung über das Wesen von Programmiersprachen auf einem sehr elementaren Niveau.
Das zweite Kapitel beleuchtet die Steuerung des Programmflusses, wobei hier die grundlegenden Wesenszüge von MUMPS schon deutlich hervortreten.
In den nächsten drei Kapiteln wird nun verstärkt auf die besonderen Merkmale von MUMPS eingegangen. Im dritten Kapitel werden die Textverarbeitungsmöglichkeiten der

Sprache dargestellt, im vierten Kapitel der außerordentlich interessante Datenbankteil der Sprache, während im fünften Kapitel der Entwurf und die Realisierung von Programmsystemen mit MUMPS und fortgeschrittene Sprachkonzepte im Vordergrund stehen.
Jedem Kapitel folgt ein Exkurs über interessante Einzelheiten der Sprache. Darin werden etwa die Entstehung und weitere Entwicklung von MUMPS angesprochen oder die sinnvolle Verwendung der Sprache. Diese Teile sind nicht Voraussetzung für das Verständnis der übrigen Kapitel und können daher übergangen werden.
Im Text wird die Wirkungsweise jedes Sprachelements direkt an Beispielen dargestellt. Daher entfällt die Notwendigkeit, über einen MUMPS-Interpreter zu verfügen, um die Sprache zu lernen.

Da das Buch auch als Nachschlagewerk für den erfahrenen MUMPS-Programmierer gedacht ist, haben wir einen ausführlichen Anhang erstellt. Neben einer Zusammenfassung aller im Sprachstandard definierten Befehle, Funktionen, speziellen Variablen und Operatoren findet der Leser eine Übersicht über die Unterschiede des Sprachstandards von 1977 gegenüber dem von 1982. Ein ausführlicher Index beschließt das vorliegende Buch.

Wir wollen dieses Vorwort nicht abschließen, ohne allen denjenigen zu danken, die an der Entstehung dieses Manuskripts ihren Anteil haben. Für einige Beispiele möchten wir Frans Witte danken, für eine kritische Durchsicht Dr. Hans Ackermann. Stephen Johnson sind wir zu Dank verpflichtet für seine wertvollen Hinweise über den neuen Standard der Sprache und über MUMPS auf Mikrocomputern. Albrecht Padmanabhan schließlich hat uns dank seiner großen Erfahrung in der Programmierung mit MUMPS wertvolle Ratschläge gegeben. Seine zahlreichen inhaltlichen und formalen Anmerkungen haben uns sehr geholfen.

Unser besonderer Dank gilt Herrn Prof. Dr.med. Wolfgang Giere, der als Leiter der Abteilung für Dokumentation und Datenverarbeitung und als langjähriger Vorsitzender der europäischen MUMPS USER'S Group vieles für die gegenwärtige Verbreitung von MUMPS in Deutschland getan hat und der die Entstehung dieses Lehrbuches von Anfang an wohlwollend förderte.
Über das zu erwartende Maß hinaus hat er uns immer wieder wertvolle Hinweise und nützliche Anregungen gegeben.

Ferner danken die Verfasser dem de Gruyter Verlag für die angenehme Zusammenarbeit.

Frankfurt, im April 1983

Stephan Hesse
Wolfgang Kirsten

Inhalt

1. Einführung in die Grundbegriffe

1.1 Allgemeine Bemerkungen über Programmiersprachen

Eine Programmiersprache ist vergleichbar mit einer natürlichen Sprache wie Deutsch oder Englisch. Der Unterschied besteht darin, daß eine natürliche Sprache zur Kommunikation zwischen Mensch und Mensch, eine Programmiersprache aber zur Kommunikation zwischen Mensch und Maschine dient.
Auch das Lernen einer Programmiersprache ist in vielen Punkten mit dem Lernen einer natürlichen Sprache vergleichbar: Wenn ein Kind seine Muttersprache lernt, fängt es mit dem Gebrauch nur eines Wortes an. Durch häufige Wiederholung und Benutzung dieses einen Wortes wird das Kind sich immer sicherer über dessen Bedeutung und Aussprache. Im Laufe der Zeit kommen weitere Worte dazu, die nach dem gleichen Mechanismus gelernt werden.

In gleicher Weise verläuft das Lernen einer Programmiersprache. Anfangs betrachtet man nur einige wenige Worte dieser Sprache und lernt durch häufige Anwendung mit ihnen umzugehen. Im Laufe der Zeit kommen andere Sprachelemente dazu, bis man den gesamten Sprachumfang kennt und anwenden kann.
Da Worte alleine nur eine sehr geringe Aussagekraft haben, fügt man mehrere Worte zu Sätzen zusammen. Dies ist jedoch nicht in beliebiger Kombination der Worte möglich, sondern es müssen genau festgelegte Regeln, die sogenannte Grammatik der Sprache, beachtet werden.
Auch für Programmiersprachen existieren solche Regeln, die die Zusammenfügung von Sprachelementen zu Programmanweisungen und Programmen festlegen.

So, wie ein Kind das Formen von verständlichen Sätzen und damit die Grundregeln der Grammatik lernt, ist auch in einer Programmiersprache die Festlegung der syntaktischen Regeln eng mit der Einführung der Sprachelemente verknüpft.

Was aber unterscheidet eine Programmiersprache von einer natürlichen Sprache?
Wie bereits anfangs erwähnt, ist eine Programmiersprache ein Verständigungsmittel zwischen Mensch und Computer; eine Sprache, die beide verstehen können. Diese Sprache wird benutzt, um Anweisungen des Menschen an die Maschine in einer Form zu formulieren, die das automatische Ausführen der Anweisungen erlaubt.
Dazu muß man wissen, daß der Rechner nichts aus eigenem Antrieb macht, sondern nur Anweisungen ausführt, die ihm in Form eines Programms übergeben werden.
Dieses Programm muß jeden Schritt, der im Laufe einer komplizierten Berechnung gemacht werden muß, in Form einer entsprechenden Anweisung enthalten.
Ein Beispiel dafür ist die einfache Aufgabenstellung, zwei Zahlen zu addieren. Die zugehörige Anweisungsfolge müßte dann etwa wie folgt aussehen:

1. Erfrage erste Zahl!
2. Erfrage zweite Zahl!
3. Addiere die beiden Zahlen!
4. Gib Summe der beiden Zahlen aus!

Da der Rechner nichts ohne Anweisung macht, ist es notwendig, in einem Programm für alle denkbaren Fälle Anweisungen vorzusehen, die dem Rechner sagen, wie er sich in diesem speziellen Fall verhalten soll.
Daher ist es sehr wichtig, sich möglichst vor dem Beginn der Programmierarbeiten über die verschiedenen Kombi-

nationsmöglichkeiten der Eingabedaten Gedanken zu machen und für alle möglichen Kombinationen Programmanweisungen vorzusehen.

Wenn man das Obenstehende liest, könnte man daraus den Schluß ziehen, daß es vollkommen ausreicht, einmal eine Programmiersprache zu definieren und diese dann in aller Zukunft für alle Probleme einzusetzen.
Leider hat sich schon in der Frühzeit der EDV gezeigt, daß eine Programmiersprache, die zwar für alle Probleme Lösungsmöglichkeiten bietet, die aber bei keinem Problem besondere Unterstützung gewährt, nur mit großem Programmieraufwand einzusetzen ist. Diese ersten Programmiersprachen nannte man ASSEMBLER-Sprachen.
Um die Programmierung zu vereinfachen, führte man daher sogenannte 'höhere' Programmiersprachen ein. Sie stellten Sprachmittel zur Verfügung, die einen viel größeren Funktionsumfang anboten, als dies die ASSEMBLER-Sprachen konnten.
Da die Maschinen diese Sprachen nicht mehr 'verstehen' konnten, war man gezwungen, besondere Programme zu entwickeln, die sie in die Sprache übersetzten, die die Maschine bearbeiten konnte.
Bei der Übersetzung von Programmen gibt es wie bei der Übersetzung eines Schriftstückes zwei grundsätzlich verschiedene Möglichkeiten. Die eine Möglichkeit besteht darin das Schriftstück zu übersetzen und das Ergebnis schriftlich festzuhalten. Überträgt man diese Vorgehensweise auf Programme, wird ein Programm in einer höheren Programmiersprache einmalig übersetzt und das Ergebnis abgespeichert, um jederzeit benutzbar zu sein. Den Vorgang der Übersetzung nennt man Compilierung und das Übersetzungsprogramm Compiler.

Die andere Möglichkeit besteht darin, das Schriftstück während des Lesens zu übersetzen. Das Ergebnis wird in diesem Fall nicht schriftlich festgehalten bzw. gespeichert, sondern direkt bearbeitet. Im Falle eines Programms spricht man bei dieser Vorgehensweise von interpretieren und nennt das diesen Vorgang ausführende Programm Interpreter.
Der Vorteil der zweiten Möglichkeit liegt auf der Hand: So, wie man beliebige Schriftstücke ohne separate Übersetzung jederzeit lesen kann, kann man Programme ohne aufwendige Compilierung sofort ausführen. Jedoch muß man, wenn man ein Programm mehrmals ausführen will, bei jedem Durchlauf erneut die Arbeit der Übersetzung in Kauf nehmen.

Auch MUMPS macht von dem Verfahren der Interpretation Gebrauch. Die Sprache zeichnet sich durch eine einfache Befehlsstruktur und eine geringe Anzahl von Befehlen sowie durch eine sehr effiziente Verwaltung von Variablen aus.
Da MUMPS hauptsächlich für Textverarbeitung und Datenbankverwaltung (sog. kommerzielle EDV) entwickelt wurde, ist es im wissenschaftlich / mathematischen Bereich nur mit einigen wenigen Grundfunktionen ausgestattet.
Im Vergleich mit z.B. BASIC fällt auf, daß MUMPS nur die arithmetischen Grundfunktionen enthält, während BASIC auch kompliziertere Funktionen (je nach Dialekt trigonometrische Funktionen, Wurzelfunktionen, Matrixfunktionen, etc.) enthält.
Im Gegensatz zu diesen mathematischen Elementen vieler Programmiersprachen enthält MUMPS Textverarbeitungsfunktionen. Das sind Sprachmittel, die es auf einfache Weise gestatten, allgemeine Texte (sogenannte Zeichenketten) zu manipulieren. Ein Beispiel für eine solche Zeichenkette ist:

MUMPS IST EINE PROGRAMMIERSPRACHE

Eine einfache aber typische Aufgabe eines Textverarbeitungssystem ist nun: füge nach dem Wort EINE das Wort HOEHERE ein.
Dazu sucht man in der Zeichenkette das Wort EINE und trennt sie nach diesem Wort auf. Man erhält somit zwei Ketten:

MUMPS IST EINE
PROGRAMMIERSPRACHE

Nun fügt man an das Ende der ersten Zeichenkette das Wort HOEHERE an und verkettet beide Zeichenketten wieder zu einer einzigen. Das Ergebnis ist dann die Zeichenkette:

MUMPS IST EINE HOEHERE PROGRAMMIERSPRACHE

MUMPS enthält neben diesen eben beschriebenen Funktionen noch eine Reihe von anderen Textverarbeitungsmöglichkeiten, die die Sprache ideal für diese Art der Datenverarbeitung erscheinen lassen.

Texte verarbeiten und Texte abspeichern gehören aber zusammen. MUMPS unterstützt die dauerhafte Abspeicherung von Daten beliebiger Art auf besonders einfache Weise und bietet vielfältige Möglichkeiten zur Rückgewinnung dieser Daten nach bestimmten Fragestellungen.

Diese beiden Sprachmerkmale - in Verbindung mit der einfachen Erstellung von Dialogprogrammen - bestimmen die Hauptanwendungsgebiete von MUMPS. Der interessierte Leser findet in der Übersichtsgeschichte über die typischen Einsatzgebiete von MUMPS im Anschluß an Kapitel 2 einige Beispiele.

1.2 Konventionen 1. Teil

Wie in jeder Programmiersprache gibt es auch in MUMPS eine Reihe von einfachen Absprachen, die den äußeren Aufbau einer Programmzeile festlegen.

Einleuchtend und fast selbstverständlich ist die Tatsache, daß eine Zeile von links nach rechts gelesen und abgearbeitet wird.
Die Zeilen selbst enthalten im allgemeinen Befehle (man spricht auch von Kommandos). Sie bestehen aus Befehlsworten und Befehlsargumenten, die durch genau ein Leerzeichen getrennt werden. Es können mehrere Befehle in einer Programmzeile stehen, die dann mit einem oder mehreren Leerzeichen getrennt werden müssen.

Nun hat man in MUMPS den Wunsch - wie übrigens in jeder anderen Programmiersprache auch - die Programmzeilen und die in ihnen enthaltenen Befehle zu erläutern. Man möchte erklären, was eigentlich in dieser Programmzeile geschieht. Dieser Vorgang wird durch die Möglichkeit erleichtert, Kommentare in einer Programmzeile anzubringen. Kommentare sind geschriebener Text, der die Zeile erläutert. In MUMPS gibt es die Regelung, daß Kommentare nach dem letzten Befehl in einer Programmzeile stehen und von dem übrigen Teil durch ein Semikolon (;) getrennt werden. Wir empfehlen, recht häufig von dieser Möglichkeit Gebrauch zu machen.
Kommentare werden selbstverständlich nicht ausgeführt, das bedeutet, der Interpreter ignoriert den Rest der Programmzeile, sobald er ein Semikolon erkennt.

Wir haben bis hierher noch nichts über die Anzahl der Befehle gehört, die in einer Zeile höchstens stehen dürfen. Darüber wird auch in der Sprachkonvention von MUMPS nichts gesagt, aber es gibt eine Begrenzung anderer Art: eine Programmzeile darf höchstens 255 Zeichen lang sein, natürlich einschließlich der Leerzeichen und Kommentare. Es sind also so viele Befehle erlaubt, wie in 255 Zeichen passen.

Normalerweise werden Programmzeilen über eine schreibmaschinenähnliche Tastatur eingeben, an die ein Bildschirm angeschlossen ist. Viele Bildschirme gestatten es, in eine Bildschirmzeile 80 Zeichen zu schreiben. Dann springt der Cursor - das ist eine Markierung auf dem Bildschirm, die die Position des nächsten einzugebenden Zeichens anzeigt - an den Anfang der nächsten Zeile. Damit ist keineswegs die Programmzeile abgeschlossen. Vielmehr muß man das MUMPS ausdrücklich durch Betätigen einer besonderen Taste mitteilen. Diese Taste ist bei den einzelnen Herstellern nicht einheitlich definiert. Häufig wird dafür die 'carriage return' Taste benutzt. Auch wir werden diese Taste benutzen und symbolisieren das im Text mit <cr>.

Ein Bildschirm enthält meistens 24 Zeilen. Es gibt jedoch auch andere Formate, die wir hier nicht berücksichtigen.

Wenn also eine Bildschirmzeile 80 Zeichen, eine Programmzeile in MUMPS dagegen 255 Zeichen lang ist, dann können wir 3 Bildschirmzeilen und noch 15 Zeichen in der vierten Zeile für eine Programmzeile verwenden. Gehen wir darüber hinaus, kommt eine Fehlermeldung, die uns darauf hinweist, daß die Programmzeile zu lang ist und von MUMPS nicht mehr verstanden werden kann. In der Praxis sind Programmzeilen solcher Länge allerdings selten anzutreffen, vielmehr wird man versuchen, die Befehle in einer Bildschirmzeile unterzubringen.

Daß man überhaupt in einer Zeile mehr als jeweils einen Befehl schreibt, ist mehr als nur Konvention. Einige MUMPS-Befehle betrachten eine Programmzeile als ein einheitliches Ganzes. Das ist eine Eigenheit von MUMPS, ein Umstand, der uns noch beschäftigen wird.

Wenn wir im weiteren Verlauf Beispiele angeben, lehnen wir uns an die übliche Arbeitsweise mit einem MUMPS-Interpreter an. Hierbei gibt der Rechner immer dann, wenn er bereit ist, eine neue Eingabe zu verarbeiten, ein bestimmtes Zeichen aus, das 'Prompt' genannt wird. Wir symbolisieren dieses Verhalten dadurch, daß wir in den Beispielen ein Fragezeichen vor jede Anweisungszeile schreiben.

Vergegenwärtigen wir uns noch einmal den Aufbau einer Befehlszeile, so wie wir ihn bis jetzt kennengelernt haben:

```
?Befehlswort Argument     Befehlswort Argument      Befe
hlswort Argument      ; Kommentare   <cr>
```

Wir haben dabei bewußt die Befehlskette über die (Papier-) Zeile hinausgeschrieben und dabei den Beginn der Zeile durch den Prompt gekennzeichnet. Die Abwesenheit des Prompts in der zweiten Zeile zeigt uns, daß es ein Folgezeile ist und nicht etwa eine neue Befehlszeile.

Wir wollen diesen Abschnitt über Konventionen nicht abschließen, ohne darauf hinzuweisen, daß die Befehle in MUMPS Worte aus der englischen Sprache sind. Sie müssen in Großbuchstaben (A,B,C,...,Z) eingegeben werden. Überhaupt werden wir vorläufig keine Kleinbuchstaben verwenden.

Der nächste Abschnitt wird uns einige einfache Beispiele bringen, die uns zeigen, wie natürlich die eben geschilderten Festlegungen im Sprachkonzept von MUMPS wirken.

1.3 Beispiele einfacher Befehle

Wir wollen jetzt mit den ersten Versuchen mit MUMPS beginnen. Es wäre empfehlenswert, ist aber für das Verständnis des Buches nicht Voraussetzung, die folgenden Beispiele an einem Rechner auszuprobieren.
Dazu ist es erst einmal notwendig, das MUMPS-System zu starten. Dieser Vorgang ist von Hersteller zu Hersteller sehr verschieden. Daher können wir hier nur einige allgemeine Punkte besprechen.

Größere Rechner fordern von dem Benutzer, daß er sich durch Eingabe eines Kennwortes als berechtigt ausweist. Kleinere Rechner, wie z.B. Mikrocomputer, haben im allgemeinen diesen Schutzmechanismus vor unbefugtem Zugriff nicht.

Nachdem man sich als zugriffsberechtigt ausgewiesen hat, wird bei Systemen, die MUMPS als einzige Programmiersprache anbieten (sogenannte stand alone Systeme), schon der Prompt des MUMPS-Interpreters sichtbar sein. Bei Systemen, die die Wahl unter mehreren Programmiersprachen erlauben, muß man noch die Sprache MUMPS anwählen, bevor der Prompt erscheint.
Im weiteren nehmen wir an, daß der Start von MUMPS erfolgreich durchgeführt wurde und der Prompt auf dem Bildschirm steht.
Jetzt kann man dem Rechner eine Anweisung geben, was er zu tun hat.

Beispiel

```
?WRITE "HALLO"<cr>
HALLO
?
```

Dieses Beispiel zeigt schon den ersten Befehl von MUMPS, den WRITE-Befehl, der dazu verwendet wird, Texte auf den Bildschirm zu schreiben.
Man beachte, daß, wie schon weiter oben erwähnt, zwischen dem Befehlswort WRITE und dem Argument "HALLO" genau ein Leerzeichen steht.
Die Schreibweise des Argumentes "HALLO" zeigt noch eine weitere wichtige Konvention von MUMPS: Texte, die als unveränderliche Zeichenfolgen im Programmtext stehen sollen, müssen von Anführungszeichen (") eingeschlossen sein.
Wenn man unveränderliche Zahlen in den Programmtext schreiben will, kann man auf die Anführungszeichen verzichten.

Beispiel

```
?WRITE 2<cr>
2
?WRITE 3+5<cr>
8
?
```

Im WRITE-Befehl kann man mehrere durch Kommata getrennte Argumente angeben. Sie werden direkt nacheinander ohne trennende Leerzeichen oder andere Zeichen ausgegeben.

Beispiel

```
?WRITE "WRITE","MIT","MEHREREN","ARGUMENTEN"<cr>
WRITEMITMEHRERENARGUMENTEN
?WRITE "WRITE ","MIT ","MEHREREN ","ARGUMENTEN"<cr>
WRITE MIT MEHREREN ARGUMENTEN
?
```

Der WRITE-Befehl kennt besondere Argumente zur Formatierung der Ausgabe. Wir werden später noch genau auf die damit verbundenen Möglichkeiten eingehen. Hier soll nur der Zeilenvorschub erwähnt werden. Er wird durch ein Ausrufezeichen (!) erzeugt. Besteht ein Argument des WRITE Befehls aus einem oder mehreren Ausrufezeichen, so werden genau so viele Zeilenvorschübe erzeugt, wie Ausrufezeichen vorhanden sind.

Zeilenvorschübe werden in MUMPS nie automatisch erzeugt (es sei denn, es ist eine Bildschirmzeile vollgeschrieben), sondern müssen immer explizit durch Ausrufezeichen in WRITE-Befehlen angefordert werden.

Beispiel

```
?WRITE "DIESE",!,"TESTAUSGABE ENTHAELT",!!,"ZEILENVORSCH
UEBE"<cr>
DIESE
TESTAUSGABE ENTHAELT

ZEILENVORSCHUEBE
?
```

Jetzt wollen wir uns einem weiteren wichtigen Element von (fast) allen Programmiersprachen zuwenden: den Variablen.

Variablen stellen das 'Gedächtnis' der Programme dar. Es sind Speicher, die beliebige Werte, z.B. Ergebnisse von Berechnungen, aufnehmen und aufbewahren können. Jede dieser Variablen hat einen eindeutigen Namen, über den auf den Inhalt (oder Wert) zugegriffen werden kann. Dies geschieht einfach in der Weise, daß man den Namen der Variablen an die Stelle eines Ausdrucks oder eines Befehls schreibt, an der der Wert benötigt wird.

Die Namen von Variablen müssen entweder mit einem Buchstaben oder einem Prozentzeichen (%) beginnen. Die folgenden Zeichen müssen Buchstaben oder Ziffern sein. Beispiele richtiger Variablennamen sind:

ABC   A123   A1B2C3   %VAR   %1   %

Nicht erlaubt sind:

1AZ   123   NAME-1   VAR.X

Die Zuweisung eines neuen Wertes an eine Variable wird in MUMPS durch den Befehl SET erreicht.

Beispiel

```
?SET ABC=5<cr>
?
```

In diesem Beispiel ist der Name der Variablen ABC und ihr wird der Wert 5 zugewiesen. Das Gleichheitszeichen (=) zeigt die Zuweisung an. Es wird jeweils der Wert auf der rechten Seite des Gleichheitszeichens der Variablen auf seiner linken Seite zugewiesen.
Man beachte hierbei den Unterschied zwischen einer Zuweisung, die durch das Gleichheitszeichen angezeigt wird, und der mathematischen Aussage, daß zwei Werte einander gleich sind. So ist die Aussage I=I+1 im mathematischen Sinne falsch, aber die Anweisung SET I=I+1 stellt einen gültigen Befehl dar und bewirkt, daß der Wert der Variablen I um eins erhöht wird.

Wie das WRITE und alle anderen Befehle der Sprache (bis auf eine Ausnahme, die wir später noch besprechen werden), erlaubt auch das SET die Angabe von mehreren Argumenten, die durch Kommata getrennt sind.

Beispiel

```
?SET ABC=5,X="HALLO"<cr>
?WRITE "KONTROLLE:",!,ABC,!,X<cr>
KONTROLLE:
5
HALLO
?
```

Im obigen Beispiel wird gleichzeitig deutlich, wie die Variablennamen benutzt werden, um deren Inhalt auszugeben. Man beachte dabei, daß Textkonstanten (HALLO, KONTROLLE:) in Anführungszeichen eingeschlossen sind, während Variablennamen (ABC, X) direkt angegeben werden.

Bei der Zuweisung eines Wertes an mehrere Variablen kann man die Klammerform des Befehls benutzen. Sollen den Variablen A, B, C jeweils der Wert 1 zugeordnet werden, schreibt man:

Beispiel

```
?SET (A,B,C)=1<cr>
?
```

Der SET-Befehl dient zur Zuweisung von Werten innerhalb des Programms. Es muß jedoch auch möglich sein, den Wert einer Variablen durch Eingabe am Bildschirm zu bestimmen. Dazu dient der READ-Befehl.

Beispiel

```
?READ EINGABE<cr>
```

Es erscheint kein Prompt, da jetzt eine Eingabe vom Bildschirm erwartet wird. Erst wenn ein Text eingegeben wurde, meldet sich der Interpreter von MUMPS wieder mit seinem Prompt.

```
MEINE EINGABE<cr>
?WRITE "DEINE EINGABE WAR: ",EINGABE<cr>
DEINE EINGABE WAR: MEINE EINGABE
?
```

Das oben gezeigte Beispiel macht deutlich, daß ein Eingabebefehl alleine sehr verwirrend sein kann, da man nicht genau weiß, ob das Programm gerade noch rechnet oder ob es auf eine Eingabe wartet. Daher ist es sinnvoll, vor einer Eingabe einen Text auszugeben, der nach Möglichkeit angibt, welche Eingabe erwartet wird.
MUMPS unterstützt diese Vorgehenweise dadurch, daß feste Zeichenfolgen, die man dem READ-Befehl als Argument übergibt, auf das Terminal ausgegeben werden.

Beispiel

```
?READ "WIE GEHT ES DIR ? ",ANTWORT<cr>
WIE GEHT ES DIR ? GUT<cr>
?WRITE "ES FREUT MICH, DASS ES DIR ",ANTWORT," GEHT"
ES FREUT MICH, DASS ES DIR GUT GEHT
?
```

Die Formatierung der Eingabe wird dadurch erleichtert, daß die Drucksteuerzeichen, die für den WRITE-Befehl erlaubt sind (z.B. Ausrufezeichen für Zeilenvorschub), auch als Argument des READ-Befehls zulässig sind.

Beispiel

```
?READ "GIB EINE ZAHL EIN ",A,!,"UND NOCH EINE ",B<cr>
GIB EINE ZAHL EIN 23<cr>
UND NOCH EINE 15<cr>
?WRITE "DIE SUMME DER ZAHLEN IST ",A+B<cr>
DIE SUMME DER ZAHLEN IST 38
?
```

Das letzte Beispiel zeigt besonders deutlich, daß die Argumente des READ-Befehls von links nach rechts bearbeitet werden. Besteht ein Argument aus einer festen Zeichenfolge oder aus einem Druckformatierungszeichen, so wird eine entsprechende Ausgabe erzeugt. Wird dagegen eine Variable angegeben, so wartet der Rechner auf die Eingabe eines Wertes für diese Variable. Stehen mehrere Variablen in einem READ-Befehl, so müssen entsprechend viele Eingaben erfolgen.

In manchen Fällen will man vermeiden, daß eine bestimmte Anzahl von Zeichen in der Eingabe überschritten wird. Beispielsweise soll die Länge der Eingabe des Namens einer Person auf 20 Zeichen begrenzt werden.

Beispiel

```
?READ "NAME :  ",NAME#20<cr>
NAME :  GOETHE, JOHANN WOLFG
?
```

Der READ-Befehl in der angegebenen Form erlaubt nur die Eingabe von einer vorgegebenen Anzahl von Zeichen. Danach wird die Eingabeanweisung abgebrochen. Es hängt vom verwendeten Rechner ab, ob man jetzt noch <cr> geben muß oder ob dies automatisch geschieht.

Alle bis jetzt besprochenen Befehle ermöglichen zwar das Hantieren mit Variablen und Werten, eine wirkliche Verarbeitung, die von der Maschine schneller und einfacher als von Hand durchzuführen ist, hat noch nicht stattgefunden.
Die meisten der Verarbeitungsmöglichkeiten sollen auch erst später erklärt werden. Hier wollen wir jedoch schon als ein Beispiel die Funktion $LENGTH erwähnen, die es erlaubt, die Länge einer Zeichenfolge zu ermitteln.

Beispiel

```
?READ "EINGABE ? ",E<cr>
EINGABE ? MUMPS IST EINE SEHR INTERESSANTE SPRACHE<cr>
?WRITE "DIE EINGABE IST ",$LENGTH(E)," ZEICHEN LANG"<cr>
DIE EINGABE IST 40 ZEICHEN LANG
?
```

In den meisten Programmiersprachen ist der Begriff der Funktion bekannt. Kurz gesagt wird der Funktionsaufruf durch einen Wert ersetzt, der anhand der Argumente berechnet wird. Im Beispiel wird an die Stelle der Funktion $LENGTH die Länge der Variablen E gesetzt.
In MUMPS beginnen die Namen von allen Funktionen mit einem Dollarzeichen ($). Die Parameter werden in Klammern eingeschlossen und direkt nach dem Funktionsnamen angegeben.

Wir haben schon weiter oben erwähnt, daß in einer Befehlszeile beliebig viele Befehle stehen dürfen. Es muß nur gewährleistet sein, daß die Zeile nicht mehr als 255 Zeichen enthält.
Die Befehle müssen jeweils durch mindestens ein Leerzeichen vom vorhergehenden Befehl getrennt sein. Sie

werden in der Reihenfolge ausgeführt, in der sie innerhalb der Zeile stehen (von links nach rechts).

Beispiel

```
?READ "EINGABE ? ",X WRITE !,"DEINE EINGABE WAR: ",X<cr>
EINGABE ? HALLO<cr>
DEINE EINGABE WAR: HALLO
?
```

Auch in diesem Beispiel ist wieder zu sehen, daß Zeilenvorschübe immer durch Angabe eines Ausrufezeichens ausdrücklich verlangt werden müssen.

Nachdem alle Befehle, die bis jetzt behandelt wurden, dafür gedacht waren, den Rechner zu bestimmten Verarbeitungsschritten zu veranlassen, wollen wir uns jetzt mit dem Befehl beschäftigen, der dem Rechner das Ende der Arbeit mitteilt.
Der einfachste Fall wäre natürlich, wenn man am Rechner oder am Terminal einfach den Strom ausschalten würde. Diese Vorgehensweise ist bei den meisten MUMPS-Systemen nicht sinnvoll, denn man muß dem Rechner Gelegenheit geben, die Arbeit zu einem ordnungsgemäßen Ende zu bringen. Dazu dient der HALT Befehl.

Beispiel

```
?HALT
```

Es erscheint jetzt auch kein Prompt mehr, da der MUMPS-Interpreter keine Befehle mehr annehmen kann.

Die weitere Vorgehensweise bei der Beendigung der Arbeit ist wieder sehr stark vom verwendeten Rechner abhängig. Kleinere Rechner wird man jetzt ausschalten können, während man bei größeren Rechnern, die mehrere Sprachen unterstützen, im allgemeinen auch noch dem Betriebssystem die Beendigung der Sitzung mitteilen muß (z.B. mit LOGOFF).

1.4 Zahlen in MUMPS und numerische Operationen

Die Darstellung von Zahlen in MUMPS ist recht einfach. MUMPS kennt sowohl ganze Zahlen (z.B. 123 oder -5), als auch Dezimalzahlen (z.B. -12.345). Um auch besonders kleine oder große Zahlen darstellen zu können, wird man sich der Exponentialdarstellung von Zahlen bedienen, bei der Zahlen durch das Produkt von Mantisse und Zehnerpotenz angegeben werden. Dabei schreibt man zunächst die Mantisse, dann ein 'E', auf das die ganzzahlige Zehnerpotenz folgt. Also wird man 1.3E-8 anstelle von 0.000000013 schreiben.
Jede dieser Zahlen heißen numerische Literale. Literale sind konstante Werte, die fest im Programmtext enthalten sind. Wir wollen auf diesen Sachverhalt zurückkommen, wenn wir Stringliterale behandeln.
Betrachten wir einige Beispiele:

Beispiele

```
?WRITE -0.123<cr>                  (Beispiel 1)
-.123
?WRITE 1.2300000<cr>               (Beispiel 2)
1.23
?WRITE 8.9E-2<cr>                  (Beispiel 3)
.089
?WRITE .12E+2<cr>                  (Beispiel 4)
12
?
```

Beim ersten Beispiel stellen wir fest, daß bei der Ausgabe einer Dezimalzahl mit einem Ganzzahlanteil von Null dieser nicht ausgedruckt wird. Angehängte Nullen in

einer Dezimalzahl werden ebenfalls unterdrückt, wie uns das zweite Beispiel zeigt. Die Ausgabe einer Dezimalzahl erfolgt - wie auch die interne Darstellung - immer in Dezimalschreibweise und nie in Exponentialform. Und schließlich ist auch die Eingabe einer Dezimalzahl ohne die führende Null erlaubt, was uns das letzte Beispiel vermittelt.
Nicht zugelassen sind Zahlen der Form E3 oder 1.2E-1.6.

Wegen der begrenzten Darstellbarkeit auf einem digitalen Rechner müssen die Zahlen innerhalb festgelegter Grenzen liegen. In MUMPS sind alle Zahlen aus dem Bereich 1E-26 bis 1E26 und dem negativen Gegenstück einschließlich der Null erlaubt. Zahlen, die größer oder kleiner sind, können nicht mehr dargestellt werden, aber der eine oder andere Hersteller hat den Bereich erweitert.

Auch die Genauigkeit, mit der in MUMPS Zahlen angegeben werden können, ist bei den einzelnen Herstellern unterschiedlich. Es müssen jedoch mindestens neun Stellen berücksichtigt werden. Man kann das leicht an seinem eigenen Computer überprüfen.

Beispiel

```
?SET A=4/3  ;  DER SCHRAEGSTRICH STEHT FUER DIVISION<cr>
?WRITE A,!,$LENGTH(A)<cr>
1.3333333333333333
20
?
```

Wie ist dieses Ergebnis zu interpretieren? Zunächst wird der Variablen A das Ergebnis der Division 4/3 zugewiesen. Bei 4/3 handelt es sich um einen unendlichen Dezimalbruch, der in der internen Darstellung irgendwann einmal abbricht. Das sehen wir auch, wenn wir A ausgeben. Die Länge der Zahl A, die wir dann ausgeben, ist die Gesamtlänge der Darstellung (mit Punkt) . Die Anzahl der signifikanten Stellen ist also in unserem Fall 20-1=19.

Im nächsten Teil wollen wir erklären, wie man in MUMPS mit Zahlen rechnet. Wie in vielen anderen Programmiersprachen kann man auch in MUMPS numerische Operationen durchführen. In der einfachsten Form versteht man darunter gewöhnlich die Fähigkeit, durch Anwendung einer der vier Grundrechnungsarten aus zwei Zahlen eine dritte zu erzeugen. Man nennt diese Art der Verknüpfung zweier Zahlen eine zweistellige (man sagt auch binäre) numerische Operation. Die Rechenzeichen werden in MUMPS folgendermaßen dargestellt:

```
+  Addition
-  Subtraktion
*  Multiplikation
/  Division
```

Beispiele

```
?WRITE 12+4<cr>
16
?WRITE 12-4<cr>
8
?WRITE 12*4<cr>
36
?WRITE 12/4<cr>
3
?
```

Diese Begriffe sind uns aus der Alltagsmathematik geläufig. Selbstverständlich können wir auch Variablen in der Berechnung arithmetischer Ausdrücke benutzen :

Beispiel

```
?SET A=10,B=5 WRITE A," / ",B," = ",A/B<cr>
10 / 5 = 2
?
```

Bei der Berechnung arithmetischer Ausdrücke trifft man oft eine Kombination der vier Grundrechenarten an, etwa 4+3*5. Ehe wir in MUMPS ein Beispiel formulieren, wollen wir einen Augenblick anhalten und etwas über die Reihenfolge der Ausführung bemerken. Bei Ausdrücken der obigen Art benutzen wir stillschweigend eine Reihenfolge in der Berechnung, indem wir zunächst die Multiplikation ausführen (ergibt 15) und zu diesem Ergebnis eine vier addieren. Kurz und prägnant hat man die Regel: 'Punktrechnung geht vor Strichrechnung'. Betrachten wir MUMPS:

Beispiel

```
?WRITE 4+3*5<cr>
35
?
```

Was ist passiert? Nun, MUMPS kennt nicht die stillschweigende Vereinbarung der Priorität der Multiplikation, sondern führt die Berechnung von links nach rechts durch. Es wird also 4 zu 3 addiert und dieses Ergebnis mit 5 multipliziert. Als Ergebnis wollen wir festhalten, daß MUMPS eine strikte links-nach-rechts Abarbeitung vornimmt. Es gibt keine bevorzugte Operation. Ein weiteres Beispiel:

Beispiel

```
?SET A=2,B=14,C=5 WRITE B/A+3*C<cr>
50
?
```

Demnach wird zuerst die Division durchgeführt, dann eine 3 addiert und schließlich dieses Ergebnis mit 5 multipliziert.

Möchte man hingegen das mathematisch korrekte Ergebnis erhalten, muß man sich der Klammern bedienen. Der Ausdruck in der Klammer wird zuerst berechnet.

Beispiel

```
?WRITE 4+(3*5)<cr>
19
?
```

Wir empfehlen, in jedem Zweifelsfall die Klammern zu benutzen. Aus der Praxis weiß man, daß die in MUMPS übliche Reihenfolge der Berechnung eines arithmetischen Ausdrucks gerade bei Anfängern leicht zu Fehlern führt.

Zum Ende dieses Abschnitts wollen wir noch zwei weitere numerische Operationen vorstellen:

- \ Ganzzahldivision
- # Restdivision

Die Ganzzahldivision liefert den ganzzahligen Teil des Divisionsergebnis, also das Ergebnis ohne die Dezimalfraktion.

Die Restdivision liefert den Rest, der übrig bleibt, wenn man das linke Argument durch das rechte dividiert.

Die Wirkungsweise dieser beiden Operationen wird durch folgendes Beispiel klar. Angenommen man möchte eine beliebige Anzahl von Tagen in ein Wochenformat konvertieren. Ganzzahldivision durch 7 liefert dann die Anzahl der Wochen, Restdivision durch 7 liefert die noch verbleibenden Tage.

Beispiel

```
?READ "ANZAHL TAGE EINGEBEN---",AT<cr>
ANZAHL TAGE EINGEBEN---52
?WRITE AT," TAGE ENTSPRECHEN ",AT\7," WOCHEN UND ",AT#7,
" TAGE"<cr>
52 TAGE ENTSPRECHEN 7 WOCHEN UND 3 TAGE
?
```

Das sind alle numerischen Operationen, die MUMPS zur Verfügung stellt. Dem Leser, der vielleicht schon einmal mit BASIC programmiert hat, wird auffallen, daß MUMPS keine weitergehenden Funktionen, wie etwa das Potenzieren oder das Radizieren kennt. MUMPS beschränkt sich hier bewußt auf die mathematischen Grundfunktionen, weil die Stärke der Sprache im Bereich der Textverarbeitung liegt.

1.5 Zeichenvorrat und Zeichenketten

1.5.1 Der grafische Zeichensatz und Stringliterale

Wir haben Zeichenketten in einer sehr einfachen Form schon kennengelernt, nämlich als Argumente der WRITE- und READ-Befehle. Wir haben gesehen, daß man diese in Anführungszeichen (") einschließt. Genau genommen waren die bisherigen Zeichenketten sogenannte Textkonstanten, deren Werte sich bei der Ausführung eines Programms nicht ändern. Man nennt diese Art von Zeichenketten auch Stringliterale. Mit diesen wollen wir uns einen Augenblick beschäftigen.

Naheliegend ist die Frage, aus welchen Zeichen diese Literale bestehen können.
Das führt uns auf den Begriff der ASCII-Zeichen, eines genormten Zeichensatzes, der 128 Zeichen umfaßt. Im Anhang findet man ein vollständiges Verzeichnis dieser Zeichen.
Die ASCII-Zeichen lassen sich grob einteilen in Steuerzeichen und grafische Zeichen. Auf der nächsten Seite findet man eine Übersicht über die 95 grafischen Zeichen, die den sogenannten MUMPS-Zeichensatz darstellen.
Kehren wir auf die eingangs gestellte Frage zurück, welche Zeichen in Stringliteralen verwendet werden dürfen. Es sind genau die 95 grafischen Zeichen des MUMPS-Zeichensatzes. Ein Beispiel mag das verdeutlichen.

Beispiel

```
?WRITE "ABCXYZabcxyz012789.,:^;"<cr>
ABCXYZabcxyz012789.,:^;
?
```

A-Z	Großbuchstaben	/	Schrägstrich
a-z	Kleinbuchstaben	\	Rückstrich
0-9	Ziffern	:	Doppelpunkt
	Leerzeichen	;	Semikolon
!	Ausrufezeichen	<	kleiner als
"	Anführungszeichen	>	größer als
#	Nummernzeichen	=	gleich
$	Dollar	?	Fragezeichen
%	Prozent	@	Klammeraffe
&	kommerzielles Und	[	eckige Klammer
'	Hochkomma	]	eckige Klammer
(	Klammer auf	^	Zirkumflex
)	Klammer zu	_	Unterstreichung
*	Stern	{	geschw. Klammer
+	Plus	¦	vert.Strich
,	Komma	}	geschw. Klammer
-	Minuszeichen	~	Tilde
.	Dezimalpunkt	`	Akzent

Der MUMPS-Zeichensatz

Im letzten Beispiel wird das Semikolon nicht als Beginn eines Kommentars interpretiert, weil es innerhalb der Zeichenkette steht. Es wird daher nicht als Programmanweisung angesehen.
Eine von der angegebenen Form abweichende Darstellung wird notwendig, wenn Anführungszeichen innerhalb eines Literals enthalten sein sollen. In diesem Fall müssen sie doppelt geschrieben werden.

Beispiel

```
?WRITE "Er sagte: ""Das ist aber ueberraschend!"""<cr>
Er sagte: "Das ist aber ueberraschend!"
?
```

Wenn es irgend geht, empfehlen wir, der Übersichtlichkeit halber nicht das doppelte Anführungszeichen, sondern das einfache Hochkomma zu verwenden, also

Beispiel

```
?WRITE "Er sagte: 'Das ist aber ueberraschend!'"<cr>
Er sagte: 'Das ist aber ueberraschend!'
?
```

Darüber hinaus zählen doppelte Anführungszeichen bei der Berechnung der Länge eines Strings nicht doppelt, sondern nur einfach.

Beispiel

```
?SET A="ABC""D",B="",C=""""<cr>
?WRITE A,!,$LENGTH(A),!,$LENGTH(B),!,C,!,$LENGTH(C)<cr>
ABC"D
5
0
"
1
?
```

Wir haben in diesem Beispiel noch der Variablen B die leere Zeichenkette ("") zugewiesen, deren Länge 0 beträgt.

Auch in anderer Hinsicht ist das letzte Beispiel von Interesse. Wir haben ja einer Variablen eine Zeichenfolge als Wert zugewiesen. In Variablen können im Unterschied zu den bisher betrachteten Stringliteralen alle 128 ASCII-Zeichen dargestellt werden. Manche Hersteller erlauben darüber hinaus noch weitere Zeichen.

Wir wollen noch einen Operator kennenlernen, der es uns erlaubt, Zeichenketten zu verknüpfen. Man nennt diese Operation Konkatenation oder Verkettung und benutzt für den Operator, den man Konkatenationsoperator nennt, das Unterstreichungszeichen (_). Dieser Operator verbindet seine beiden Operanden zu einem einzigen String, der dann beide Operanden enthält.

Beispiel

```
?SET A="Das ist ein ",B="String" SET C=A_B WRITE C<cr>
Das ist ein String
?WRITE 12_34<cr>
1234
?
```

Der 2. Teil des Beispiels erscheint merkwürdig, denn der Konkatenationsoperator wird auf Zahlen angewendet und diese gelten gemeinhin nicht als Strings. Tatsächlich ist die Situation in MUMPS ganz anders, wie wir im nächsten Unterabschnitt sehen werden.

1.5.2 Der MUMPS-Datentyp und die numerische Interpretation

Die allermeisten Programmiersprachen kennen das Konzept der Typbindung von Variablen an bestimmte Datentypen. Das bedeutet, daß eine Variable nur Werte annehmen kann, die ihrem Typ entsprechen. Die Zuweisung eines logischen Wertes zu einer Integervariablen würde zu einem Fehler führen. Die Typbindung führt zu überschaubareren Programmen und erzwingt eine sorgfältige Programmplanung. Andererseits erfordert der Zwang zur Typdefinition gerade bei kleinen Programmen größeren Schreibaufwand. Auch ist in den meisten Sprachen die mit der Typdeklaration verbundende Festlegung der Länge (oder Größe) einer Variablen äußerst lästig, weil man bei einer Änderung der Variablenlänge unter Umständen große Programmodifikationen durchführen muß.

Die diesbezüglichen Verhältnisse sind in MUMPS sehr einfach. MUMPS kennt nur einen Datentyp: die variabel lange Zeichenkette. Allerdings darf die Länge 255 Zeichen nicht überschreiten.
Zahlen sind in MUMPS nur besondere Formen von Strings. Es gibt genaue Regeln, wie die numerische Interpretation von Strings vorzunehmen ist.
Einige Beispiele mögen das verdeutlichen:

Beispiele

```
?WRITE 12*"12"<cr>
144
?WRITE "12"/-"3"<cr>
-4
```

```
?WRITE "-12.3"*"2"<cr>
-24.6
?
```

Wir haben die Rechenzeichen "+" und "-" schon als zweistellige numerische Operationen eingeführt. In dem Zusammenhang der numerischen Interpretation von Zeichenketten haben sie aber noch eine andere (einstellige) Bedeutung: wenn vor einem String ein "+" oder ein "-" steht, dann wird von MUMPS die numerische Interpretation dieses Strings genommen.
Dabei muß man sich vor Augen halten, wie in MUMPS eine Zahl überhaupt aussehen kann. Zunächst einmal kann sie die Form einer ganzen Zahl haben (543). Auch Dezimalzahlen sind erlaubt - mit und ohne Vorkommastellen (13.21 oder .57). Schließlich bleibt noch die Darstellung in der Exponentialform, wobei die Mantisse eine der eben besprochenen Formen hat und der Exponent eine positive oder negative ganze Zahl sein muß (3E7 oder 0.314E+1). Allen diesen eben beschriebenen Zahlen dürfen führende Nullen voranstehen (001 oder 03E-3). Es sind beliebig viele Vorzeichen erlaubt. Jedes Minuszeichen ändert das Vorzeichen des Ergebnisses; Pluszeichen werden ignoriert.
MUMPS geht bei der numerischen Interpretation von links nach rechts vor. Sie wird abgebrochen, sobald ein Zeichen erkannt wird, das nicht in das oben angegebene Muster paßt. Falls keine numerische Interpretation möglich ist, hat die Zeichenkette den numerischen Wert 0.

Einige zum Teil exotische Beispiele verdeutlichen den Sachverhalt:

Beispiele

```
?WRITE "123ABC",!,+"123ABC"<cr>              (Beispiel 1)
123ABC
123
?WRITE "12 Elefanten"+"5 Giraffen"<cr>       (Beispiel 2)
17
?WRITE -("Hundert"_"123")<cr>                (Beispiel 3)
0
?WRITE -"Hundert"_+"123",!,1*2_1*"2"<cr>     (Beispiel 4)
0123
42
?WRITE "Anzahl Elefanten: "_2*5<cr>          (Beispiel 5)
0
?
```

Beispiel 1 vermittelt uns den Unterschied zwischen einem String und dessen numerischer Interpretation. Das nächste Beispiel zeigt, daß für die Addition die Zeichenkette numerisch interpretiert wird. Das 3. und 4. Beispiel verdeutlichen die unterschiedliche Interpretation der konkatenierten Zeichenketten, aber auch wieder die strikte links-nach-rechts Abarbeitung. Denn 1 multipliziert mit 2 ergibt 2, 2 verbunden mit 1 ist 21, und Multiplikation mit 2 ergibt schließlich 42. Im letzten Beispiel wird mit der Konkatenation ein String gebildet, dessen numerische Interpretation 0 ist. Die sich anschließende Multiplikation ergibt dann ebenfalls 0.

Wir wollen summarisch noch einige Beispiele bringen, die die Problematik der numerischen Interpretation beleuchten:

Beispiele

```
?WRITE +"----1"<cr>    ; Jedes "-" veraendert das
1                      ; Vorzeichen.
?WRITE +""<cr>         ; Die Interpretation des
0                      ; Leerstrings ist 0.
?WRITE +" 1234"<cr>    ; erstes Zeichen nicht numerisch
0                      ; interpretierbar.
?WRITE +"16+10"<cr>    ; Die Interpretation bricht
16                     ; nach 16 ab.
?WRITE +"1.2e10"<cr>   ; Keine Exponentialdarstellung,
1.2                    ; weil "e".
?
```

Demjenigen, der noch keine große Praxis in MUMPS hat, mag das alles etwas künstlich vorkommen, aber nach einiger Übung wird man in den meisten Fällen die numerische Interpretation von Zeichenketten sofort angeben können. Die spitzfindigen Beispiele kommen in der Praxis natürlich nicht vor. Sie dienen hier nur dazu, zu zeigen, wie MUMPS ohne Typbindung arbeitet und nach klaren Regeln Zeichenketten als Zahlen interpretiert.

1.6 Programme in MUMPS

Die Beispiele, die wir bis jetzt betrachtet haben, waren streng genommen noch keine vollständigen Programme, sondern nur Anweisungen an den Rechner, die dieser direkt ausgeführt hat. Daher nennt man den für die Beispiele benutzten Betriebsmodus des Interpreters Direktmodus.

MUMPS kennt noch eine andere Betriebsweise, den Programmodus. In diesem Modus werden, wie der Name schon sagt, Programme ausgeführt, die zu einem früheren Zeitpunkt geschrieben und abgespeichert wurden.

Programme bestehen aus einer beliebigen (aber durch die Speichergröße begrenzten) Anzahl von Anweisungszeilen. Die Anweisungen werden in der Reihenfolge ausgeführt, in der sie im Programm stehen. Das bedeutet, daß der Interpreter nach der Ausführung einer Programmzeile auf die direkt darauf folgende übergeht. Ausnahmen von dieser Regel werden wir später noch behandeln.

Eine Programmzeile besteht aus drei Teilen. Der erste Teil ist das sogenannte 'Label' der Zeile. Es braucht nur bei Bedarf angegeben zu werden. Dieses Label gibt der Programmzeile einen Namen, unter dem in anderen Programmteilen auf sie Bezug genommen werden kann (siehe später).

Das Label ist entweder in Form einer natürlichen Zahl aufgebaut oder entsprechend den für Variablennamen geltenden Regeln. Das heißt, im ersten Fall besteht es nur aus Ziffern und im zweiten Fall fängt es mit dem Prozentzeichen oder einem Buchstaben an, die von Buchstaben oder Ziffern gefolgt werden. Labels müssen eindeutig sein, es darf also ein bestimmtes Label nur einmal in einem Programm vorkommen.

Beispiele für gültige Label sind:

A1 XYZ %1 % 123

Nicht gültig sind:

2A 01 A-X A%B -3

Der zweite Teil einer Programmzeile muß auf jeden Fall geschrieben werden. Er dient dazu, dem Sprachinterpreter zu zeigen, ob ein Label vorhanden ist und, wenn ja, wo es zu Ende ist. Welches Zeichen für diesen Zweck verwendet wird, ist zwar in der Definition der Sprache nicht genau festgelegt, aber bei vielen Implementierungen wird hier einfach ein Leerzeichen benutzt. Von dieser Konvention wollen auch wir im weiteren Verlauf Gebrauch machen.

Der dritte Teil einer Zeile enthält die eigentlichen Anweisungen. Er ist nach den gleichen Konventionen aufgebaut, die wir weiter oben schon für den Direkt-Modus besprochen haben. Die Gesamtlänge einer Programmzeile darf einschließlich Label und Trennzeichen nicht größer als 255 Zeichen sein.

Beispiel

```
AUSG WRITE "HALLO" ; Programmzeile mit Label 'AUSG'
 SET A=5,B=3 ; Programmzeile ohne Label
```

Wie aber sagt man dem Rechner, daß eingegebene Anweisungen nicht direkt ausgeführt, sondern abgespeichert werden sollen?

Hier unterscheiden sich die verschiedenen Implementierungen von verschiedenen Herstellern. Daher können wir hier nur einige allgemeine Tips geben und müssen ansonsten auf die Bedienungsanleitung des jeweiligen Herstellers verweisen.
Manche Interpreter erkennen Anweisungszeilen, die abgespeichert werden sollen, daran, daß an einer bestimmten Stelle der Zeile (zum Beispiel nach Eingabe des Labels) eine bestimmte Taste (meistens die TAB-Taste) gedrückt wird. Diese Interpreter kennen Erweiterungen des MUMPS-Befehlssatzes, die das Verändern von bereits abgespeicherten Programmen erlauben.
Bei anderen Systemen werden alle Eingaben direkt ausgeführt. Diese MUMPS-Implementierungen verfügen über ein spezielles, im allgemeinen 'Editor' genanntes Programm, mit dem andere Programme erzeugt und bearbeitet werden können.
Allen Systemen ist jedoch gemeinsam, daß jedes Programm einen eindeutigen Namen erhalten muß, unter dem es später aufgerufen werden kann.
Für diesen Namen gelten die gleichen Konventionen, wie sie schon für Variablennamen dargestellt wurden. Also fängt ein Programmname mit einem Buchstaben oder einem Prozentzeichen an. Die weiteren Zeichen sind Buchstaben oder Ziffern. Beispiele gültiger Programmnamen sind:

```
Z    PLOT    P1    %LIST    %1    %
```

Bei der Namensgebung sind einige Punkte zu beachten, in denen sich verschiedene MUMPS-Interpreter unterscheiden können. Zum Beispiel ziehen viele Systeme zur Unterscheidung von Programmnamen nur die ersten acht Zeichen heran. Daher sollten sich die Namen aller Programme schon in den ersten acht Stellen unterscheiden.

Die meisten MUMPS-Systeme sehen Programme, deren Name mit einem Prozentzeichen beginnt, als Systemprogramme an. Dies hat zur Folge, daß nur der Systemverwalter dieser Systeme die sogenannten 'Prozentprogramme' abspeichern oder verändern darf. Daher empfiehlt es sich, das Prozentzeichen im Namen von normalen Anwendungsprogrammen nicht zu benutzen.
Es hat sich herausgestellt, daß die Programmbibliothek bei wachsender Anzahl von Programmen sehr schnell unübersichtlich wird. Daher ist es eine gute Vorgehensweise, alle Namen von Programmen mit dem Namenskürzel des Programmierers oder mit einer Kurzbezeichnung des Projektes, für das sie geschrieben wurden, anfangen zu lassen.

Als ein erstes Beispiel wollen wir uns die Aufgabe stellen, ein Programm zu schreiben, mit dem ein Lottotip erstellt werden kann.
Dazu betrachten wir die Funktion $RANDOM. Sie erhält einen numerischen Parameter und erzeugt eine Zufallszahl im Bereich zwischen 0 (einschließlich) und dem Parameter (ausschließlich). Also würde $RANDOM(10) eine Zufallszahl im Bereich 0 bis 9 liefern. Die Zufallszahlen in MUMPS sind immer ganze Zahlen, haben also keine Dezimalstellen.

Bevor wir das Beispiel formulieren, wollen wir eine Vereinbarung über die Darstellungsweise von Programmen in diesem Lehrbuch treffen. Wir werden den Anfang von Programmzeilen mit dem vertikalen Strich (¦) kennzeichnen. Das ermöglicht die einfache Erkennung von Folgezeilen, die dann nicht mit dem vertikalen Strich beginnen.

Beispiel

```
¦LOTTO ; DIESES PROGRAMM LIEFERT EINE ZUFALLSZAHL IM
¦      ; BEREICH 1 BIS 49 FUER EINEN LOTTOTIP
¦ SET TIP=$RANDOM(49)+1
¦ WRITE "MEIN TIP IST: ",TIP,!
```

Wie aber bringt man den Interpreter dazu, das Programm auszuführen?
Dazu gibt es den Befehl DO. Angenommen, das Programm wurde unter dem Namen LOTTO abgespeichert. Dann wird es wie folgt aufgerufen:

Beispiel

```
?DO ^LOTTO<cr>
MEIN TIP IST: 8
?
```

Wie man sieht, wird der Programmname als Argument des DO-Befehls angegeben. Vor dem Namen steht ein Zirkumflex. Er wird uns im weiteren Verlauf des Buches noch öfters begegnen. Hier sei nur erwähnt, daß er beim Start eines Programmes dem Programmnamen vorangestellt werden muß.
Der DO-Befehl erlaubt die Angabe mehrerer durch Kommata getrennter Argumente. Also können wir durch Eingabe nur eines Befehls die Ausgabe von sechs Lottotips erreichen.

Beispiel

```
?DO ^LOTTO,^LOTTO,^LOTTO,^LOTTO,^LOTTO,^LOTTO<cr>
MEIN TIP IST: 31
MEIN TIP IST: 12
MEIN TIP IST: 18
```

```
MEIN TIP IST: 46
MEIN TIP IST: 5
MEIN TIP IST: 23
?
```

MUMPS kennt auch ein Gegenstück zum DO-Befehl, der die Beendigung des Programmlaufs an einer beliebigen Stelle erlaubt. Dieser Befehl heißt QUIT.

Beispiel

```
¦TEST ; DIESES PROGRAMM SOLL DEN QUIT-BEFEHL TESTEN
¦ WRITE "VOR DEM QUIT"
¦ QUIT
¦ WRITE "NACH DEM QUIT"
```

Ausfuehrung

```
?DO ^TEST<cr>
VOR DEM QUIT
?
```

Unterprogramme können dadurch beendet werden, daß der Programmfluß entweder das Ende des Programmtextes oder ein QUIT erreicht.

A Die bisherige Entwicklung von MUMPS

Zu Beginn der 60er Jahre setzte ein Prozeß ein, der die Struktur und Reichweite der damaligen Datenverarbeitung gründlich veränderte. Während bis dahin Datenverarbeitung fast ausschließlich auf großen Anlagen im sogenannten Batch-Betrieb ausgeführt wurde, teilten sich nun mehrere Anwender gleichzeitig den Rechner, ohne daß sie sich gegenseitig gestört hätten. Dieses Prinzip der Benutzung einer EDV-Anlage ist unter der Bezeichnung 'Time-sharing' bekannt geworden. Auf vergleichsweise einfache Art konnten jetzt Personen von der Datenverarbeitung profitieren, die bisher keine Möglichkeit hatten, ihre Probleme auf einer Rechenanlage zu formulieren.
Neue Anwender brachten neue Aufgaben und Probleme; Probleme, die mit den bisherigen Programmiersprachen nur umständlich gelöst werden konnten. Zu diesen neuen Anwendern gehörten auch Mediziner. Ihre typischen Anforderungen an eine Programmiersprache unterschieden sich beträchtlich von denen, die man bis dahin benutzte. Dazu gehörte der Bereich der medizinischen Dokumentation und die Anforderung, auf einfache Art Daten unterschiedlicher Art zu erfassen, zu analysieren und nach unterschiedlichen Gesichtspunkten wiederzugewinnen.

Um 1965 begann eine Entwicklungsgruppe am Massachusetts General Hospital unter der Leitung von G. Octo Barnett und Neil Pappalardo diese neuen Bedürfnisse zu sammeln und eine Sprache zu definieren, die diesen Anforderungen gerecht wurde.

Als Entwurfsziel war vorgegeben, eine BASIC-ähnliche prozedurale Sprache mit einem Datenhaltungs- und Verwaltungssystem für sowohl lokale als auch auf der Platte gespeicherte Daten zu schaffen, die zusätzlich einen vollen Satz von leistungsfähigen Operatoren für komplexe Textmanipulation enthalten sollte.

Seit 1966 existierten die ersten Anwendungsprogramme und MUMPS erfreute sich bald großer Beliebtheit bei der Bewältigung von Problemen aus der klinischen Praxis sowie in der medizinischen Ausbildung. MUMPS ist das Akronym für 'Massachusetts General Hospital's Utility Multiprogramming System'.

Richtige Konzepte sind nicht auf einen Anwendungsbereich fixiert. Bald schon machten andere Anwender von den Vorteilen von MUMPS Gebrauch. Auch innerhalb der medizinischen Anwendungen etablierten sich verschiedene Entwicklungsrichtungen, mit der Konsequenz, daß sich ab 1969 eine Vielzahl von MUMPS-Dialekten etablierten. Diese Entwicklung war schon deshalb nicht zu begrüßen, weil sie die Übertragbarkeit von Anwendungsprogrammen auf andere MUMPS-Rechner und die Kommunikation unter den MUMPS-Benutzern behinderte.
Daher war es nur sinnvoll, daß sich ab 1972 eine MUMPS-Entwicklungsgruppe (MDC, MUMPS Development Committee) etablierte, deren Aufgabe es war, einen einheitlichen Sprachstandard zu entwickeln. Ab 1973 förderte das Gesundheitsministerium der USA diese Bemühungen und 1975 wurde ein erster Entwurf des Sprachstandards vom MDC publiziert. Es begann hier eine Entwicklung, die man für die Sprache als typisch bezeichnen kann: weg von komplizierten, divergenten Strukturen, hin zu einfacher Sprachdefinition, die dennoch vergleichsweise umfassen-

der ist als die der herkömmlichen Programmiersprachen. Denn MUMPS beinhaltet neben der eigentlichen Sprache auch Elemente einer Anweisungssprache für das Betriebssystem (Job Control Language). Daneben wird in der Sprache unmittelbar die Datenhaltung- und Verwaltung definiert, eine Vorgehensweise, die selbst in modernen Programmiersprachen äußerst selten anzutreffen ist.

Die Sprachspezifikation von 1975 wurde von allen beteiligten Stellen akzeptiert. Der Vorschlag wurde der nationalen Normierungsbehörde der USA im Frühjahr 1976 übergeben, die ihrerseits den Vorschlag Ende 1977 zum Standard erhob. Das bedeutete eine beträchtliche Aufwertung der Sprache. Standardisierung bedeutet ja eine einheitliche Grundlage für alle Hersteller von MUMPS-Systemen und es bedeutet die Möglichkeit, portable, also auf andere MUMPS-Rechner übertragbare, Programme zu schreiben.

Die Arbeit der MDC war mit der Entwicklung des ersten Sprachstandards keineswegs beendet. Eine Programmiersprache ist aus verschiedenen Gründen Veränderungen unterworfen. Im übrigen schreiben die Regulationen der Nationalen Normierungsbehörde eine Überprüfung des Standards nach jeweils 5 Jahren vor, was schließlich zum Standard von 1982 führte. Die herausragendste Änderung dieses Standards dürfte in der Einführung von 'String-subscripts' bestehen, das heißt die Indizierung von Variablen mit beliebigen Zeichenketten.

Längst ist MUMPS nicht mehr nur medizinischen Anwendungen vorbehalten. Im Gegenteil, die Anzahl der MUMPS-Anwender aus anderen Bereichen ist zumindest in den USA größer. Die Anzahl der MUMPS-Benutzer steigt weltweit mit exponentieller Zuwachsrate, wie die Mitgliedschaften in der MUMPS Users Group (MUG) bezeugen. Diese Gruppe widmet sich den Interessen der Anwender von MUMPS und gibt eine eigene Zeitschrift, die 'MUG Quarterly', heraus. Hervorzuheben ist, daß sich seit 1975 eine wachsende Anzahl von MUMPS Users' Groups außerhalb der USA etablierten. Das gilt insbesondere für Europa (Amsterdam 1976) und Japan, aber in neuerer Zeit auch für Lateinamerika, wo in Brasilien schon leistungsfähige MUMPS-Interpreter entwickelt wurden.

Das ursprünglich klassische Einsatzgebiet von MUMPS war der Minicomputer. Einer von der 'MUG Quarterly' 1982 veröffentlichten Liste zufolge haben mittlerweile alle führenden Computerhersteller aus USA, Japan und Europa MUMPS-Implementierungen anzubieten. Daneben gibt es aber auch Installationen auf größeren Rechnern und - seit neuerer Zeit - MUMPS auf Microcomputern.

Die Erweiterung des Einsatzspektrums von MUMPS wird sich natürlich auch auf die Sprachentwicklung selbst auswirken. Diese Entwicklung wird hauptsächlich durch die neuen Anwendungsgebiete, die für Mikrocomputer erschlossen werden, geprägt sein. Beispielhaft wollen wir hier auf zwei dieser Gebiete eingehen.
Auf der einen Seite stehen die Kleinrechner für den interessierten Amateur, die sogenannten 'Homecomputer', auf der anderen Seite die Arbeitsplatzrechner, die sich auf den ersten Blick nicht grundsätzlich von den Homecomputern unterscheiden.
Der wesentliche Unterschied besteht darin, daß die kommerziell eingesetzten Kleinrechner zu verteilten Rechnersystemen verbunden werden können. Diese Systeme können in ihrer Gesamtheit Leistungen erreichen, wie sie

heute von Großrechnern erbracht werden. Gleichzeitig werden bei diesem Konzept viele Probleme von vornherein vermieden, die bei dem Betrieb von Großrechnern, an denen sehr viele Personen gleichzeitig arbeiten, auftreten.

Die Vorschläge zur zukünftigen Entwicklung der Sprache tragen der hohen Bedeutung der verteilten Verarbeitung in der Zukunft der EDV und insbesondere von MUMPS Rechnung.
Daher gibt es Überlegungen, das Variablenkonzept, das sowohl lokale als auch globale Variablen vorsieht, dahingehend zu erweitern, daß zusätzlich noch netzwerkübergreifende Variablen erlaubt sind.
Damit bestünde einerseits die Möglichkeit, Programme, die schon auf heutigen Rechnern entwickelt wurden, in Netzwerken zu benutzen. Andererseits können Programme geschaffen werden, die für den Betrieb innerhalb eines Netzwerks konzipiert sind, jedoch unabhängig von der physikalischen Struktur des Netzes aufgebaut sind.

Weiterhin ist MUMPS in der letzten Zeit immer stärker mit den Forderungen des modernen 'Software Engineering' nach einer klaren, von der Sprache erzwungenen, Strukturierung der Programme konfrontiert. Daher gehen auch viele Überlegungen zur weiteren Entwicklung der Sprache in diese Richtung.
Man will zum Beispiel das 'Scoping', also Regeln zum Gültigkeitsbereich von Variablen, in die Sprachdefinition aufnehmen. Damit könnte erreicht werden, daß Unterprogramme nicht mehr die Variablen des Hauptprogramms sehen und damit eventuell ungewollt modifizieren können. Gleichzeitig wurden Konstruktionen zum Übergeben von Parametern beim Aufruf von Unterprogrammen konzipiert.

Nach dem jetzigen Standard ist dies nur durch die Zuweisung von Werten an gemeinsam benutzte Variablen möglich. Damit müssen im Hauptprogramm immer aufwendige Zuweisungen ausgeführt werden, wenn ein Unterprogramm aufgerufen werden soll. Die neuen Konstruktionen sollen es ermöglichen, beim Aufruf eines Unterprogramms anzugeben, welche Parameter diesem zu übergeben sind.

Wenn wir auch nicht genau wissen, welchen Veränderungen MUMPS in der Zukunft ausgesetzt sein wird, so steht doch eines mit Sicherheit fest. Die Änderungen werden schrittweise kommen und erst eingeführt werden, wenn sie einer sorgfältigen Analyse der möglichen Auswirkungen in der Praxis standgehalten haben. Die Standardisierung der Sprache wird dafür sorgen, daß die Sprachevolution nicht sprunghaft sondern stetig verlaufen wird.

2. Die Steuerung des Programmflusses

2.1 Konventionen 2. Teil

Die bisher betrachteten MUMPS-Befehle bilden gewissermaßen die Grundmenge des Befehlsvorrats in MUMPS. SET und READ etwa wurden eingeführt, um einer Variablen einen Wert zuzuweisen und WRITE ermöglichte es, den Wert dieser Variablen auf den Bildschirm zu schreiben. Die anderen Befehle (HALT und QUIT) wurden entweder zur Beendigung einer MUMPS-Sitzung oder aber zur Beendigung eines MUMPS-Programmes verwendet. Der Befehl DO schließlich diente zum Aufruf von Programmen, auch zum wiederholtem Aufruf ein und desselben Programms.
Mit diesen Grundbefehlen und in Verbindung mit den bereits eingeführten Operatoren kann man im Prinzip schon den allergrößten Teil der typischerweise mit Computern gelösten Probleme bewältigen. Aber einige der bisher betrachteten Beispiele legen es nahe, Befehle bereitzustellen, die den Programmablauf auf einfache Art steuern. Betrachten wir das Lottoprogramm im letzten Abschnitt des ersten Kapitels. Hier wäre es sinnvoll, dem Programm mitzuteilen, daß man jetzt die sechsfache Ausführung von ^LOTTO wünscht. Das ist einfacher und bedeutet auch weniger Schreibaufwand, als wenn man den Aufruf sechsmal hintereinander explizit aufführt.
Die wiederholte Durchführung von Programmen oder Programmteilen ist also ein Thema dieses Kapitels. Aber unter Programmsteuerung versteht man auch das datenabhängige Auswählen von Programmteilen. MUMPS bietet hier eine ganze Palette von Möglichkeiten, Programme oder Programmteile zu durchlaufen oder aber an eine andere Stelle im Programm zu verzweigen.

Wir wollen die zur Programmsteuerung benötigten Befehle, wie auch künftig alle Befehle, die wir noch behandeln, beispielhaft vorstellen. Das bedeutet, daß die Beispiele fast alle Verwendungsmöglichkeiten des betreffenden Befehls abdecken, angefangen von der einfachsten Darstellung bis hin zu selten vorkommenden, mehr exotischen Befehlsformen.

In diesem Abschnitt und in den nachfolgenden Kapiteln wollen wir bei den Beispielen auf das nachgestellte carriage return (im Zeichen <cr>) verzichten.
Ferner wollen wir auf ein MUMPS-Spezifikum hinweisen. MUMPS kennt die Möglichkeit der verkürzten Schreibweise von Befehlen und Funktionen. Hierzu benutzt man den ersten Buchstaben des Befehls- oder Funktionsnamens. Anstatt WRITE ist es erlaubt, W zu schreiben, anstatt $LENGTH schreibt man kürzer $L. Teilweise Abkürzungen wie WRIT oder $LEN sind nicht erlaubt. Die nachfolgende Tabelle gibt einen Überblick über die bisher eingeführten Befehle und deren Abkürzung.

Befehl	Abkürzung	ungültige Abkürzung
READ	R	RE
WRITE	W	WRI
SET	S	SE
HALT	H	HAL
DO	D	-
QUIT	Q	QU

Wir empfehlen, einige der bisherigen Beispiele mit der abgekürzten Befehlsschreibweise nachzuvollziehen. Wir selbst verwenden künftig aus didaktischen Gründen beide Schreibweisen.

2.2 Aufruf von Unterprogrammen

Wie wir bereits im ersten Kapitel gesehen haben, wird ein Programm mit dem Befehl DO ^Programmname gestartet. Diese Anwendung des DO-Befehls ist jedoch nur ein Sonderfall.
Im allgemeinen wird der DO-Befehl zum Aufruf von Unterprogrammen benutzt. Beim Start eines Programmes mit diesem Befehl wird von einer Besonderheit von MUMPS Gebrauch gemacht: Die Sprache unterscheidet nicht zwischen Programmen und Unterprogrammen. Alle Programme werden als aus dem Direkt-Modus aufgerufene Unterprogramme angesehen.
Diese Konvention von MUMPS hat insbesondere den Vorteil, daß man beim Austesten eines Unterprogramms nicht auf ein Testprogramm, das das Unterprogramm aufruft, angewiesen ist. Der Test erfolgt einfach durch direkten Start des Unterprogramms.
Um Unterprogramme aufzurufen, muß nur der DO-Befehl in einem Programm gegeben werden. Also könnte man die Lottozahlen mit einem Programm L wie folgt ausgeben:

Beispiel

```
¦L ; AUSGABE VON 6 ZUFALLSZAHLEN FUER EINEN LOTTOTIP
¦ WRITE "ES FOLGEN MEINE LOTTOTIPS FUER 6 AUS 49 :",!!
¦ DO ^LOTTO,^LOTTO,^LOTTO,^LOTTO,^LOTTO,^LOTTO
¦ QUIT
```

Ausführung

```
?DO ^L
ES FOLGEN MEINE LOTTOTIPS FUER 6 AUS 49 :
```

```
MEIN TIP IST: 15
MEIN TIP IST: 43
MEIN TIP IST: 36
MEIN TIP IST: 2
MEIN TIP IST: 18
MEIN TIP IST: 27
?
```

Im DO-Befehl steht vor jedem Programmnamen der Zirkumflex (^). Ist das nicht eine Verschwendung von Platz und Schreibarbeit oder wird er zur Kennzeichnung eines bestimmten Sachverhalts benutzt, der nicht immer zutrifft? Tatsächlich hat das Zirkumflex-Zeichen in MUMPS eine besondere Bedeutung. Es legt fest, ob ein Name global oder lokal ist. Global bedeutet, daß der Name und damit auch das durch diesen Namen bezeichnete Objekt (in diesem Fall: Programm), nicht im Hauptspeicher, sondern auf dem Massenspeicher, also z.B. der Platte oder der Floppy-disc, zu finden ist. In den vorhergehenden Beispielen war das aufgerufene Programm immer auf dem Massenspeicher abgelegt. Daher mußte auch immer das Zirkumflex angegeben werden.

Im Gegensatz dazu kann man auch in einem Programm Unterprogramme aufrufen, die in diesem Programm selbst enthalten sind. Diese Unterprogramme nennt man lokal. Um angeben zu können, an welcher Stelle sie stehen, benutzt man Labels.

Labels sind, wie schon früher erwähnt, Namen von Programmzeilen, über die sie angesprochen werden können. Das Label einer Programmzeile in MUMPS fängt immer an der ersten Stelle einer Zeile an und wird durch ein Leerzeichen beendet. Fängt eine Zeile mit einem Leerzeichen an, so hat sie kein Label. Die zulässigen Schreibweisen für Labels wurden bereits bei der Festlegung der allgemeinen Form eines Programms besprochen.

Beispiel

```
¦UPTEST ; DIESES PROGRAMM SOLL DIE BENUTZUNG VON
¦ ;       UNTERPROGRAMMEN VERDEUTLICHEN.
¦ W "VOR DEM ERSTEN UP",!
¦ DO A DO B,C
¦ W "NACH DEM LETZTEN UP",!
¦ QUIT
¦A W "IM ERSTEN UP",!
¦ QUIT
¦C W "IM DRITTEN UP",!
¦ QUIT
¦B W "IM ZWEITEN UP",!
¦ QUIT
¦D W "DIESES UP WIRD NIE AUSGEFUEHRT",!
¦ QUIT

?DO ^UPTEST
VOR DEM ERSTEN UP
IM ERSTEN UP
IM ZWEITEN UP
IM DRITTEN UP
NACH DEM LETZTEN UP
?
```

Wie bereits oben erwähnt, hat der Zirkumflex in MUMPS eine sehr weitreichende Bedeutung bei der Angabe, ob ein Name lokal oder global ist. Daher wird dieses Zeichen auch oft 'Global-Zeichen' genannt.
Doch weiter mit den Möglichkeiten, Sprungziele für das DO-Kommando anzugeben. Die Einsprungpunkte von globalen Unterprogrammen müssen nicht immer am Anfang des Programmtextes liegen, sondern es können - wie auch bei lokalen Unterprogrammen - beliebige Zeilen angesprungen werden.

Das geschieht in der Form, daß man zuerst das Label innerhalb des globalen Unterprogramms schreibt, gefolgt von dem Globalzeichen (^) und dieses gefolgt von dem Programmnamen.

Beispiel

```
¦KOMPLEX ; OPERATIONEN AUF KOMPLEXEN ZAHLEN
¦ADD S RS=R1+R2,IS=I1+I2 QUIT
¦MUL S RP=R1*R2-(I1*I2),IP=R1*I2+(R2*I1) QUIT

¦TK ; TEST FUER PROGRAMM KOMPLEX
¦ S R1=1,I1=5,R2=-2,I2=2
¦ DO ADD^KOMPLEX,MUL^KOMPLEX
¦ W "SUMME   = ",RS,"+I*",IS,!
¦ W "PRODUKT = ",RP,"+I*",IP,!
¦ QUIT

?DO ^TK
SUMME   = -1+I*7
PRODUKT = -12+I*-8
?
```

Doch damit kennen wir immer noch nicht alle Möglichkeiten, die MUMPS bietet, um eine Zeile anzusprechen. Es besteht auch die Möglichkeit, auf Zeilen zu springen, die kein Label haben. Dazu muß man einfach irgend eine andere Zeile des gleichen Programms nehmen, die vor der gewünschten Zeile liegt und die ein Label hat. Jetzt zählt man, wie viele Zeilen weiter die gewünschte Zeile liegt. Dieser Abstand wird Offset genannt.
Die Angabe einer Zeile mit Hilfe eines Offsets geschieht nun dadurch, daß man anstelle des Labels der gewünschten Zeile das Label einer davorliegenden Zeile, ein Pluszeichen (+) und das Offset schreibt.

Beispiel

```
¦TK ; TEST FUER PROGRAMM KOMPLEX
¦ S R1=1,I1=5,R2=-2,I2=2
¦ DO ADD^KOMPLEX,ADD+1^KOMPLEX
¦ W "SUMME    = ",RS,"+I*",IS,!
¦ W "PRODUKT = ",RP,"+I*",IP,!
¦ QUIT
```

```
?DO ^TK
SUMME    = -1+I*7
PRODUKT = -12+I*-8
?
```

Die Schreibweise mit Pluszeichen und Offset ist in MUMPS zwar immer zulässig, aber wir empfehlen, sie nur in Ausnahmefällen und auch dann nur mit größter Vorsicht zu gebrauchen. Angenommen, man würde in dem Programmsegment

```
¦A DO A+2
¦ QUIT
¦ W "UNTERPROGRAMM" QUIT
```

eine Zeile nach der Zeile mit dem Label A einfügen, so würde das Programm nicht mehr in der erwarteten Weise laufen, da der DO-Befehl direkt auf das QUIT führen würde:

```
¦A DO  A+2
¦ ; DIESE ZEILE WURDE EINGEFUEGT
¦ QUIT
¦ W "UNTERPROGRAMM" QUIT
```

Aus Erfahrung wissen wir, daß man bei Änderungen eines Programms nicht immer die gesamte Programmumgebung auf die Existenz einer Zeilenreferenz mit Offset hin absucht. Daher können sich hier leicht Fehler einschleichen, die nur sehr schwer zu finden sind.

Jetzt wollen wir noch einige Beispiele für die Verwendung des DO-Kommandos angeben. Wie schon weiter oben erwähnt, kann das Befehlswort DO zu seinem Anfangsbuchstaben D abgekürzt werden.

Beispiele

```
DO ABC
DO ^XA,AH75,^%ZZ
D 35,EIN+12,OPEN^%DEV,3+2
DO TAB+10^SEL
D 3+A^COND,ANF+B/5
```

Wie das letzte Beispiel zeigt, ist als Offset nicht nur ein Literal erlaubt, sondern ein beliebiger Ausdruck, dessen Ergebnis als ganze Zahl interpretiert wird, das heißt, Nachkommastellen werden ignoriert.
Zu beachten ist ferner, daß die Zeilenreferenz ANF+B/5 nicht in ihrer Gesamtheit als Ausdruck ausgewertet wird. Es wird zuerst der Teil rechts des Pluszeichens (B/5) ausgewertet und dann, ausgehend vom Label ANF, die (B/5)-te Nachfolgezeile als Einsprungstelle des Unterprogramms benutzt.
Auch die Anweisung DO 3+2 führt nicht etwa zum Label 5, sondern zur zweiten Zeile nach dem Label 3.

Wir wollen jetzt noch auf die verschiedenen Arten, ein Unterprogramm zu verlassen, eingehen.
Als erste Möglichkeit bietet sich der HALT-Befehl an. Mit ihm hält man den gesamten Interpreter an und hat damit natürlich auch das Unterprogramm beendet.

Jedoch stellt man sich im allgemeinen unter 'Verlassen des Unterprogramms' weniger einschneidende Maßnahmen vor. Man erwartet, daß die Programmausführung direkt nach dem DO-Kommando fortgesetzt wird. Dies wird, wie wir in den oben stehenden Beispielen auch schon implizit vorausgesetzt haben, durch das QUIT-Kommando ermöglicht. Das QUIT-Kommando hat kein Argument und beendet die Ausführung eines Unterprogramms. Bei geschachtelten Unterprogrammaufrufen muß jedes einzelne Unterprogramm mit einem QUIT aufhören.

Beispiele

```
QUIT
Q
```

Zusätzlich zu den beiden angegebenen Kommandos wird ein Unterprogramm verlassen, wenn das Ende des Programmtextes erreicht wird. In diesem Fall verhält sich der Interpreter so, als stände am Ende des Programmtextes ein QUIT.

Jetzt wird auch deutlich, warum ein QUIT oder das Ende des Programmtextes die Ausführung eines Hauptprogrammes beenden (siehe Kapitel 1): der Interpreter sieht ein Hauptprogramm als aus dem Direkt-Modus aufgerufenes Unterprogramm an. Daher wird es in der gleichen Weise wie ein Unterprogramm beendet. Diese Beendigung sorgt für die Rückkehr des Interpreters in den Direkt-Modus.

2.3 Vergleichs- und logische Operatoren

2.3.1 Vergleichsoperatoren

In vielen Programmen hat man folgende typische Situation: man vergleicht zwei Zahlenwerte und verzweigt abhängig von diesem Vergleich zu verschiedenen Programmteilen. Auch MUMPS kennt diese numerischen Vergleiche, die wir in diesem Abschnitt behandeln wollen.
Neben der Prüfung auf Gleichheit gibt es in MUMPS noch die Vergleichsoperation 'größer als' und 'kleiner als', die alle mit dem NICHT-Operator (') in ihr logisches Gegenteil verkehrt werden können. Sie werden insgesamt durch folgende Symbole repräsentiert:

=	Gleichheitsoperator	'=	Ungleichheitsoperator
<	kleiner als	'<	größer oder gleich
>	größer als	'>	kleiner oder gleich

MUMPS kennt noch andere (nichtnumerische) Vergleichsoperatoren, die wir im nächsten Kapitel behandeln werden.
Die Vergleichsoperatoren arbeiten in MUMPS in verschiedener Hinsicht anders, als man es vielleicht von anderen Programmiersprachen gewohnt ist. Da ist zunächst die Tatsache zu nennen, daß eine Vergleichsoperation in gleicher Weise wie eine arithmetische Operation verwendet werden kann. Denn jeder Vergleich liefert entweder eine 0 (Vergleich trifft nicht zu) oder eine 1 (Vergleich trifft zu). Man nennt diese beiden Zahlen Boolesche Werte, eine Benennung, die auch aus anderen Sprachen geläufig ist.

Einige Beispiele mögen das verdeutlichen.

Beispiele

```
?W 5>2
1
?S A=5,B=10 W B<A
0
?W A+5=10
1
?W 8>5<2
1
?
```

Nur das letzte Beispiel bedarf einer Erklärung. Erinnern wir uns an einen in MUMPS allgemeinen Sachverhalt: die strikte links-nach-rechts Verarbeitung. Also wird zunächst der Vergleich 8>5 durchgeführt. Das Ergebnis dieses Vergleichs ist 1, 1<2 wird dann getestet und ist wahr, also steht als Ergebnis des Gesamtvergleichs eine 1.
Anknüpfend an diesen Sachverhalt wird auch das erste der nächsten Beispiele verständlich:

Beispiele

```
?W 5>10+1
1
?S A="0.5",B=+A W A=B
0
?
```

Da es in MUMPS keine Präferenz der Operatoren gibt, wird zunächst die Vergleichsoperation durchgeführt (ergibt eine 0, weil 5<10) und daran anschließend die Addition von 1 durchgeführt, was zusammen 1 ergibt. Das ist noch alles verständlich, aber wenn man das zweite Beispiel betrachtet fragt man sich unwillkürlich, ob MUMPS eigene Rechenregeln entwickelt hat. Das ist natürlich nicht der Fall und das Beispiel wird sofort verständlich, wenn man sich eine zweite, MUMPS-typische Eigenart vor Augen hält: die Abfrage auf Gleichheit ist ein Stringvergleich. Will man numerische Werte vergleichen, muß man auf die verschiedenen Darstellungsformen von Zahlen achten. Denn die Variable B wird hier intern als '.5' abgespeichert, während A "0.5" als String enthält. Keine Verwirrung wäre entstanden, hätte man gleich die numerische Interpretation von A verlangt: W +A=B hätte den Booleschen Wert 1 geliefert.

2.3.2 Logische Operatoren und die logische Interpretation

Aus der Mathematik ist bekannt, daß man mit Booleschen Werten rechnen kann. Dieses wird mit den sogenannten logischen Operatoren bewerkstelligt. Ihre Zeichendarstellung sieht in MUMPS folgendermaßen aus:

&	der UND Operator	'&	der NICHT-UND Operator
!	der ODER Operator	'!	der NICHT-ODER Operator
'	der NICHT Operator.		

Dabei ist das Ergebnis einer UND-Operation genau dann wahr, wenn beide Operanden wahr (d.h. 1) sind, und das Ergebnis einer ODER-Operation wahr, wenn ein oder beide

Operanden wahr sind. Bei dem nachfolgendem Beispiel habe die Variable A den Wert "123" und die Variable B den Wert "XYZ".

Beispiel

```
?W A&B
0
?W A!B
1
?
```

Die Ergebnisse dieser beiden Beispiele leuchten noch nicht ganz ein. Woher weiß MUMPS, welchen logischen Wert die beiden Variablen haben, wo doch beide zunächst einmal Strings sind? Die Antwort auf diese Frage führt uns auf die logische Interpretation von Zeichenketten. Ähnlich der numerischen Interpretation gibt es dafür genaue Regeln und wenn man es näher betrachtet, ist die numerische Interpretation eines Strings der Schlüssel für die Beantwortung dieser Frage. Um nämlich zur logischen Bewertung eines Strings zu kommen, nimmt man zunächst dessen numerische Interpretation. Ist diese eine Zahl ungleich 0, dann ist die logische Interpretation 1, d.h. wahr. Ist dagegen die numerische Interpretation gleich Null, ist auch die logische Interpretation Null, also falsch.

Betrachtet man jetzt das obenstehende Beispiel, so findet man als numerische Interpretation der Variablen A die Zahl 123, von der Variablen B aber 0. Dementsprechend ist die logische Interpretation von A gleich 1, von B gleich 0. Dann sind auch die logischen Verknüpfungen verständlich.

Der logische Operator NICHT negiert den logischen Wert eines Ausdrucks. In unserem Beispiel hätte 'A den Wert 0, 'B den Wert 1.
Die beiden verbleibenden Operatoren NICHT-UND und NICHT-ODER sind für zwei Variablen A und B wie folgt definiert:

A'&B <==> '(A&B) respektive A'!B <==> '(A!B)

In der (Programm-) Realität hat man meistens eine Kombination aus arithmetischen, logischen und Vergleichsoperationen. Hierbei gilt wieder zu beachten, daß es keine Bevorzugung eines Operators gibt. Ein letztes Beispiel möge das verdeutlichen:

Beispiel

```
?S A="123",B="XYZ" W A'<B!(A_B=(B_A))
1
?
```

Man sieht, daß man sich der Klammern bedienen muß, um die gewünschte Reihenfolge zu erhalten.

2.4 Bedingte Programmausführung

Hervorstechendes Merkmal aller Programmiersprachen ist ihre Fähigkeit, in Abhängigkeit von gewissen Bedingungen Programmteile auszuführen oder es zu unterlassen.
Eine Möglichkeit, das in MUMPS zu tun, bietet der IF-Befehl. Wie in vielen anderen Programmiersprachen wird dabei das Argument dieses Befehls getestet und je nach dem, ob es wahr ist, das heißt den Booleschen Wert 1 hat, wird ein genau definiertes Programmstück ausgeführt oder nicht.
Dieser Programmteil ist in MUMPS grundsätzlich der Teil der Zeile, der rechts vom IF-Befehl steht. Hier wird die frühere Bemerkung verständlich, daß eine Programmzeile (oder auch Befehlszeile) in MUMPS eine Einheit darstellt. Einige erste Beispiele verdeutlichen die Wirkung und die Wirkungsweite des IF-Befehls:

Beispiele

```
?S A=9 IF A*A<100 W A*A
81
?S B=20 IF B'<A W "MUMPS"
MUMPS
?S C=5 IF C W C
5
?
```

Im ersten dieser 3 Beispiele wird A der Wert 9 zugewiesen und dann geprüft, ob das Quadrat von A kleiner 100 ist. Da das der Fall ist, ist das Argument des IF-Befehls logisch wahr und das anschließende WRITE wird ausgeführt.

Die logische Auswertung des Arguments des IF-Befehls im zweiten Beispiel ist wieder wahr. Die Zeichenkette "MUMPS" wird also ausgegeben.
Im dritten Beispiel besteht das Argument lediglich aus einer Zahl (nämlich 5). Da diese Zahl logisch interpretiert wird und die Interpretation von allen Zahlen ungleich der Null logisch wahr ergibt, wird das nachfolgende WRITE ausgeführt.

Wie gesagt ist der Gültigsbereich des IF-Befehls der Teil der Zeile, der rechts von ihm steht. Deswegen kann man sagen, daß entweder der Rest der Zeile ausgeführt wird (falls das IF-Argument logisch wahr ist), oder aber zur nächsten Zeile verzweigt wird.

Bevor wir den IF-Befehl begrifflich weiter vertiefen, wollen wir noch auf zwei Eigenheiten von MUMPS eingehen. Da ist zunächst der Begriff einer 'speziellen Variablen' zu erklären. In diesen Variablen stehen in MUMPS Zustandsinformationen über das laufende MUMPS-Programm oder über die Programmumgebung. Jede spezielle Variable hat einen eindeutigen Namen, der stets mit einem Dollarzeichen ($) beginnt. Man kann eine spezielle Variable wie eine normale Variable verwenden, ihr aber keinen Wert zuweisen.

Der zweite Begriff, den wir an dieser Stelle einführen wollen, ist der Begriff der argumentlosen Befehle. Wir hatten an früherer Stelle gesagt, daß Befehle durch Befehlsargumente spezifiziert werden, hatten aber schon stillschweigend einige Befehle ohne Argument eingeführt. Diese Befehle waren bisher QUIT und HALT. Es gibt in MUMPS eine ganze Reihe weiterer Befehle, die ohne Argument einen Sinn ergeben. Andererseits gibt es Befehle, die sowohl mit als auch ohne Argument benutzt werden können.

Wir werden bei der Einführung dieser Befehle auf diesen Umstand gesondert hinweisen und wollen an dieser Stelle nur auf die richtige Schreibweise hinweisen. Dem Befehlswort müssen mindestens 2 Leerzeichen folgen, falls man sich der argumentlosen Form bedient. An dem zweiten Leerzeichen erkennt MUMPS, daß es sich um einen argumentlosen Befehl handelt.

Wir haben diese beiden Konzepte an dieser Stelle eingeführt, weil sie die Wirkungsweise des IF-Befehls verdeutlichen.
Bei der Ausführung dieses Befehls in seiner üblichen Form nimmt die spezielle Variable $TEST den logischen Wahrheitswert der Bedingung an. Sie kann im Zusammenhang mit der argumentlosen Schreibweise des IF-Befehls verwendet werden, um den Wirkungsbereich des IF auf mehr als eine Zeile auszudehnen.
Wenn das Argument eines IF-Befehls getestet und für wahr befunden wird, wird die spezielle Variable $TEST gleich 1 gesetzt. Im anderen Fall, wenn die Bedingung nicht wahr ist, wird $TEST gleich 0 gesetzt. Ein Beispiel mag das verdeutlichen:

Beispiel

```
?IF 5>3 W $TEST
1
?
```

Die Verhältnisse in diesem Beispiel sind klar: 5 ist größer 3, die spezielle Variable $TEST wird auf 1 gesetzt und ausgegeben.
Man kann alle speziellen Variablen auf ihren Anfangsbuchstaben abkürzen, für $TEST kann man also $T schreiben. Wie bei der Befehlskurzform sind teilweise Abkürzungen nicht erlaubt.

Der IF-Befehl hat, wie oben erwähnt, in Verbindung mit der speziellen Variablen $TEST noch eine andere Ausprägung. Er ist einer der Befehle in MUMPS, die sowohl mit als auch ohne Argument benutzt werden können. Benutzt man die argumentlose Form, dann wird der Rest der Zeile genau dann ausgeführt, wenn $TEST gleich 1 ist. Ist $TEST gleich 0, wird in die nächste Programmzeile verzweigt. Das argumentlose IF ist also der Konstruktion IF $TEST=1 (oder einfach IF $TEST) gleichwertig.
Bevor wir zwei Beispiele bringen, wollen wir noch bemerken, daß die Kurzform des IF-Befehls I ist.

Beispiele

```
?IF  S A="ABC" W A
?IF '$T S A="ABC" W A
ABC
?
```

Im ersten Beispiel haben wir angenommen, daß der Wert der $T Variable 0 ist. Das heißt, der Rest der Zeile wird nicht ausgeführt. Wenn aber $T=0 ist, dann ist '$T gleich 1, also wird das zweite IF ausgeführt.

Mit der argumentlosen Form kann man in einem Programm den Wirkungsbereich des IF-Befehls über eine Zeile verlängern. Betrachten wir dazu folgendes Programm:

Beispiel

```
¦MATHE ; Beispielprogramm fuer den IF-Befehl
¦ R "Wieviel Schuljahre hast Du Mathe gelernt?---",J
¦ IF J>4 W "Dann kannst Du folgende Aufgabe loesen!",!
¦ IF  R "Was ist das Ergebnis von  3+5  ?",E
¦ IF  IF E=8 W !,"Das ist richtig !!"
¦ QUIT
```

In diesem Programm wird zunächst gefragt, wieviel Schuljahre man Mathematik gelernt hat. In der 3. Programmzeile wird gefragt, ob die Anzahl größer 4 ist. Ist das der Fall, wird $T gleich 1 gesetzt und mit der Ausführung der Zeile fortgefahren. Die beiden nächsten Zeilen werden nur ausgeführt, wenn $T=1 ist. Die vorletzte Zeile zeigt uns auch die wiederholte Anwendung eines IF-Befehls. Hätte man ein falsches Additionsergebnis eingegeben, dann würde beim zweiten IF das Ergebnis der $T-Variable verändert und ein weiteres argumentloses IF in der nächsten Zeile würde nicht ausgeführt.
Wir wollen schließlich summarisch noch einige Schreibweisen aufzeigen:

Beispiele

```
IF
IF A="Nein"!(A="N")
I X'=0,1/X=0.5
I X'=0&(1/X=0.5)
```

Selbstverständlich können mehrere, jeweils durch Komma getrennte, Argumente dem IF-Befehl folgen. Der IF-Befehl wird nur dann ausgeführt, wenn alle Argumente wahr sind. Das entspricht einer logischen UND-Verknüpfung. Wir haben die äquivalenten Schreibweisen in den beiden letzten Beispielen aufgezeigt. Aber ein Unterschied besteht doch. Im vorletzten Beispiel hat man zwei logische Abfragen. Ist die erste bereits falsch, wird die zweite erst gar nicht mehr getestet. Im letzten Beispiel hat man nur ein Argument, das komplett getestet werden muß. Ist dann X tatsächlich gleich Null, würde eine Fehlermeldung erscheinen: Division durch Null!

Das Gegenstück zu dem argumentlosen IF-Befehl ist der ELSE-Befehl. Die Kurzform von ihm ist E. In MUMPS wird ELSE in Abhängigkeit vom Wert des $T-Schalters ausgeführt. Dieser wird von ELSE nicht verändert. Ist der Wert 0, d.h. war die letzte ausgeführte IF-Bedingung nicht erfüllt, dann wird der ELSE-Befehl (und damit alle Befehle bis zum Ende der Zeile) ausgeführt. Den ELSE-Befehl gibt es nur in der argumentlosen Form. Ihm folgen also immer zwei Leerzeichen.

Beispiel

```
ELSE  W "Bedingung war nicht erfuellt"
E  S A="Condition" W A
```

Wie schon erwähnt, bezieht sich der ELSE-Befehl auf $TEST. Wird also zwischen einem IF und einem ELSE aus irgendeinem Grund der Wert der $T-Variablen verändert, können unbeabsichtigte Programmeffekte auftreten. Diese Möglichkeit könnte dann eintreten, wenn man im Wirkungsbereich des IF-Befehls einen Sprung in ein Unterprogramm hätte und in diesem eine negative IF-Abfrage vorkommt. Dann würde $TEST verändert und IF und ELSE beide gleichzeitig ausgeführt.
Wir weisen nooh darauf hin, daß der Wert der $T-Variablen auch durch andere Befehle geändert werden kann. Deswegen empfehlen wir ausdrücklich, den ELSE-Befehl nur in überschaubaren Programmsituationen zu benutzen. Die gleiche Bemerkung gilt für den argumentlosen IF-Befehl.

2.5 Programmverzweigung

Die bisher behandelten Befehle hatten alle eines gemeinsam: Der Programmablauf wird nach der Abarbeitung eines Befehls direkt nach diesem Befehl fortgesetzt. Dabei verstehen wir unter Abarbeitung eines Unterprogrammaufrufs die Abarbeitung des gesamten Unterprogramms.
In manchen Fällen ist es jedoch notwendig, einen Sprung innerhalb des Programmablaufs zu machen, sodaß die Programmausführung - ähnlich wie bei einem DO - an einer frei wählbaren Stelle fortgesetzt wird. Hierzu wird in MUMPS, wie in den meisten anderen Programmiersprachen auch, der GOTO-Befehl eingesetzt. Der GOTO-Befehl ist wie der DO-Befehl aufgebaut. Es können die gleichen Argumente angegeben werden und auch die Wirkung ist ähnlich. Seine Kurzform ist G.
Der Unterschied zum DO besteht darin, daß die Programmausführung nicht mehr hinter das GOTO zurückkehrt.

Beispiele

```
GOTO ANFANG
G ^MENUE
G FELD3^EINGABE
```

Jetzt wollen wir noch einige Worte über die Verwendung des GOTO verlieren.
In der Frühzeit der Informatik war das GOTO ein sehr beliebtes Mittel zur Steuerung des Programmablaufs, da durch 'wildes' Hin- und Herspringen innerhalb eines Programms Schreibarbeit gespart werden konnte.
Als man jedoch daran ging, die ersten wirklich großen Programme (Betriebssysteme, Compiler, etc.) zu schrei-

ben, zeigte sich, daß die Verwendung von zu vielen GOTO's zu vollkommen unübersichtlichen Programmen führte, die niemand mehr warten konnte.
Seit dieser Zeit ist man bemüht, Programme mit möglichst wenigen GOTO's zu schreiben. In den meisten Fällen lassen sie sich durch Unterprogrammaufrufe ersetzen. Es gibt sogar Untersuchungen, die zeigen, daß sich alle Programme vollkommen ohne die Verwendung von GOTO-Befehlen schreiben lassen.
Auch wir empfehlen, möglichst weitgehend auf die Benutzung von GOTO-Befehlen zu verzichten.

2.6 Das Postconditional

2.6.1 Das Befehlspostconditional

Gegenüber einem Programm ist eine Programmzeile die nächst kleinere syntaktische Einheit in MUMPS. Eine Programmzeile enthält wiederum eine Reihe von Befehlen, die ihrerseits aus Befehlsworten und Befehlsargumenten aufgebaut sind.
Der IF-Befehl erlaubt es nun, die Ausführung einer gesamten Programmzeile zu conditionalisieren, die Ausführung also von einer Bedingung abhängig zu machen. MUMPS bietet dieselbe Möglichkeit für einzelne Befehle, ja in einigen Fällen sogar für die Argumente eines Befehls, nämlich das Postconditional.
Wird die Ausführung eines Befehls von einer Bedingung abhängig gemacht, spricht man von einem Befehlspostconditionals, während die bedingte Auswahl eines Arguments aus einer Argumentliste Argumentpostconditional genannt wird. In beiden Fällen nennt man die Bedingung Postcondition.

Wenden wir uns zunächst dem Befehlspostcondtional zu. Hierbei ist die Postcondition ein logischer Ausdruck, der in einem Befehl angegeben wird, und bewirkt, daß dieser Befehl nur dann ausgeführt wird, wenn der Ausdruck wahr ist. Man kann fast jeden MUMPS-Befehl mit einer Postcondition versehen. Ausnahmen werden wir später noch behandeln.
Die Schreibweise ist für alle Befehle einheitlich. Auf das Befehlswort folgt ohne trennende Leerzeichen ein Doppelpunkt (:) und darauf der logische Ausdruck. Ab hier wird der Befehl wie üblich fortgeführt, das heißt, es folgt ein Leerzeichen und, falls vorhanden, die Argumentliste.

Beispiele

```
QUIT:ENDE
SET:A=3&(EINGABE="HALLO") B=5,TEXT="WIE GEHT ES DIR ?"
DO:ZEILE>65 ^SEITE
```

Das zweite Beispiel zeigt, daß alle Argumente des Befehls in gleicher Weise von der Postcondition betroffen sind. Also wird entweder kein Argument oder alle bearbeitet.

Die Postcondition ist, wie schon oben erwähnt, ein beliebiger Ausdruck, dessen Ergebnis als logischer Wert interpretiert wird (0 entspricht 'logisch falsch', alle Zahlen ungleich 0 entsprechen 'logisch wahr'). Die genaue Vorgehensweise der Interpretation haben wir schon bei der Einführung des IF-Befehls erklärt.

Die Ausführung eines Postconditionals verändert in keiner Weise den $TEST-Schalter. Daher sind solche Befehle auch im Wirkungsbereich einer IF - ELSE - Konstruktion sinnvoll anzuwenden.

Ausnahmen von der Regel, daß das Postconditional bei allen Befehlen erlaubt ist, machen die Befehle, bei denen die Bedeutung einer solchen Konstruktion nicht unmittelbar einzusehen ist. Von den bisher behandelten Befehlen fallen der IF- und der ELSE-Befehl in diese Kategorie (Soll bei einem IF-Befehl mit logisch falscher Postcondition der Rest der Zeile ausgeführt werden oder nicht?).

Wir wollen im weiteren Verlauf bei der Erklärung von allen neuen Befehlen, die das Postconditional erlauben, entsprechende Beispiele bringen, während wir bei Befehlen, bei denen das Postconditional nicht erlaubt ist, dies explizit erwähnen werden.

Noch einige Beispiele

```
READ:EIN="" EIN
WRITE:LAENGE>70 !
HALT:'WEITER
S:EIN="" EIN="DEFAULT"
D:ERR ^FEHLER,WEITER
GOTO:I<10 LOOP
```

2.6.2 Das Argumentpostconditional

Einige MUMPS-Befehle erlauben zusätzlich zu der Angabe einer Postcondition im Befehl auch noch eine Postcondition an jedem Argument der Argumentliste. Diese Befehle sind der DO-, der GOTO- und noch ein weiterer Befehl, auf den wir später noch eingehen werden.
Die Schreibweise ist ähnlich der des Befehlspostconditionals. Man gibt einfach hinter dem bedingt auszuführenden Argument einen Doppelpunkt und die Bedingung an.

Beispiele

```
DO ^X:A=15,NEU:I=1,OPEN^DEV
GOTO LOOP:'ENDE,DRUCKE^FEHLER:ERR,^MENUE:AUSWAHL=""
D:J=0 A:K=1,B:K=2
```

An den Beispielen sind einige wichtige Regeln für die Anwendung des Argumentpostconditionals gezeigt.
Im ersten Beispiel fällt auf, daß in einer Argumentliste manche Argumente eine Postcondition haben können, während andere Argumente nicht über eine Postcondition ausgewählt werden. Diese Argumente werden auf jeden Fall ausgeführt. Die bedingungslose Scheibweise ist äquivalent mit der Angabe der Postcondition :1.

Das letzte Beispiel zeigt, daß sich Argumentpostconditional und Befehlspostconditional nicht gegenseitig ausschließen, sondern ergänzen.

Das Argumentpostconditional ermöglicht eine sehr flexible Programmierung in MUMPS. So werden durch diese Schreibweise alle die Fälle abgedeckt, die in FORTRAN oder BASIC durch ein computed GOTO oder in PASCAL oder ADA durch das CASE realisiert werden. Zusätzlich zu diesen Anwendungsfällen gibt es noch eine Vielzahl von anderen Verwendungsmöglichkeiten für das Argumentpostconditional.

Beispiel

PASCAL:

```
CASE VAR OF
    1: GOTO MARKE1;
    2: GOTO MARKE2;
    A: GOTO MARKE3
END
```

MUMPS:

```
GOTO MARKE1:VAR=1,MARKE2:VAR=2,MARKE3:VAR="A"
```

FORTRAN oder BASIC erlauben nur eine sehr einfache Form der Mehrfachverzweigung. Es wird eine Liste von Sprungzielen angegeben, aus denen eins ausgewählt wird. Die Wahl eines bestimmten Sprungziels geschieht nach der Regel: Wenn der Auswahlausdruck gleich eins ist, wird das erste Element der Liste genommen, wenn er gleich zwei ist, das zweite, usw. Hier müssen also auch in einem Fall, in dem der Auswahlausdruck nur die Werte 1, 3 und 7 annehmen kann, sieben Sprungziele angegeben werden.

In PASCAL (wie auch in manchen BASIC- und FORTRAN-Installationen) ist die Wirkung der Verzweigungsanweisung nicht definiert, wenn zu dem aktuellen Wert des Auswahlausdrucks keine Anweisung vorgesehen ist.
In MUMPS ist die Wirkung der Anweisung für alle möglichen Werte definiert: Wenn kein Argument mit einer wahren Postcondition gefunden wird, wird das Programm nach dem GOTO- oder DO-Befehl fortgesetzt. Will man bei einem GOTO-Befehl den Fall, daß kein Auswahlausdruck wahr war, gesondert behandeln, so schreibt man einfach das Label für den Ausnahmefall ohne Postcondition als letztes Label.

Beispiel

```
G MARKE1:VAR=1,MARKE2:VAR=2,MARKE3:VAR="A",AUSNAHME
```

Da die Abarbeitung strikt von links nach rechts durchgeführt wird, wird das letzte Argument nur dann ausgeführt, wenn alle vorhergehenden Postconditions falsch waren.

Auch im DO-Befehl werden alle Argumente von links nach rechts abgearbeitet, jedoch kehrt hier der Programmablauf nach Abarbeitung eines Arguments an den Beginn des nächsten Arguments zurück. Hier werden also alle Unterprogramme abgearbeitet, für die die Bedingungen zutrifft.
Besondere Vorsicht ist geboten, wenn mehrere Unterprogramme - jeweils durch Postconditional gesteuert - auf-

gerufen werden sollen. Wird zum Beispiel im ersten abgearbeiteten Unterprogramm eine Variable geändert, die in der Postcondition eines folgenden Aufrufs enthalten ist, kann das Programm anders als erwartet ablaufen.

2.7 Die Auswahlfunktion $SELECT

In vielen Fällen steht man vor dem Problem, einer Variablen einen Wert zuzuweisen, der abhängig von einer Bedingung ist. Das läßt sich mit den bisher bekannten Methoden durch mehrere SET-Befehle mit Postcondition erreichen.
Diese Vorgehensweise ist jedoch recht mühselig und unübersichtlich. Einfacher läßt sich die beschriebene Problemstellung mit der $SELECT-Funktion ausführen. Sie dient zur Auswahl eines Ausdrucks aus einer Liste von Ausdrücken. Wir wollen sie zunächst einmal anhand von Beispielen vorstellen:

Beispiele

```
$SELECT(A=3:5,ERG>20:"GROSS",ERG<2:"KLEIN")
$S(EING="JA":1,EING="NEIN":0,1:-1)
```

Die angeführten Beispiele zeigen schon einiges über die zulässige Schreibweise der $SELECT-Funktion. Als erstes fällt auf, daß sich der Funktionsname - wie alle anderen Funktions- und Befehlsnamen - abkürzen läßt. Also ist die Schreibweise $S äquivalent zu $SELECT.
Weiter fällt die Schreibweise der Funktionsargumente auf. Jedes Argument besteht aus einem logischen Ausdruck als Bedingung, gefolgt von einem Doppelpunkt und einem beliebigen Ausdruck, dessen Wert bei wahrer Bedingung übergeben wird. Die verschiedenen Argumente der Funktion sind durch Kommata getrennt.
Die $SELECT-Funktion wird von links nach rechts abgearbeitet. Es wird der Wert des ersten Ausdrucks ausgewählt, dessen Bedingung wahr ist. Man muß darauf achten,

daß immer mindestens eine Bedingung wahr ist, da sonst eine Fehlermeldung ausgegeben wird. Wie das zweite Beispiel zeigt, kann man dies im Zweifelsfall erzwingen, wenn man im letzten Argument die immer wahre Auswahlbedingung 1 angibt. Der Wert dieses Arguments wird genommen, wenn keine andere Bedingung wahr ist.
Abschließend noch einige Beispiele:

Beispiele

```
?S A=5,B=10,C="HALLO",M=7,T=3 W $S(1>A:1,B:2,C:3)
2
?W $S(C:A,A>B:B,1:C)
HALLO
?S MONAT=$S(M=1:"JAN",M=2:"FEB",M=3:"MRZ",M=4:"APR",M=5:
"MAI",M=6:"JUN",M=7:"JUL",M=8:"AUG",M=9:"SEP",M=10:"OKT"
,M=11:"NOV",M=12:"DEZ") W MONAT
JUL
?S WTAG=$S(T=1:"MONTAG",T=2:"DIENSTAG",T=3:"MITTWOCH",T=
4:"DONNERSTAG",T=5:"FREITAG",T=6:"SAMSTAG",T=7:"SONNTAG"
) W WTAG
MITTWOCH
?
```

2.8 Wiederholte Programmausführung

Eine weitere Stärke einer Programmiersprache liegt in ihrer Fähigkeit, Programme oder Programmstücke wiederholt auszuführen. Bei mathematischen Berechnungen beispielsweise wird häufig solange ein Programmstück ausgeführt, bis eine Bedingung erfüllt ist, die die Beendigung dieser wiederholten Berechnung bewirkt. Man nennt einen solchen Prozeß eine Iteration.

Auch wir hatten im Kapitel 2.2 ein Beispiel gesehen, wo wir uns gewünscht hätten, über einen solchen Befehl zu verfügen. Dort war die Situation gegeben, daß wir sechsmal hintereinander das Programm ^LOTTO aufgerufen haben. Mit unseren jetzigen Mitteln freilich können wir uns den sechsfachen Programmaufruf sparen, indem wir den GOTO-Befehl sinnvoll einsetzen.

Beispiel

```
¦L1 ; modifiziertes Lottoprogramm unter Verwendung
¦   ; des GOTO-Befehls
¦ W "Es folgen meine Lottotips fuer 6 aus 49 :",!!
¦ S J=0
¦START S J=J+1 D ^LOTTO QUIT:J=6  G START
```

Das Programm zeigt eine typische Vorgehensweise. Anfänglich setzt man die Variable J auf Null und addiert bei jedem Durchlauf jeweils 1 hinzu. Dabei wird ^LOTTO wiederholt aufgerufen. Der Programmlauf wird beendet, wenn die Postcondition des QUIT-Befehls erfüllt ist. Man beachte die beiden Leerzeichen, die erst nach dem Ende des gesamten Befehls, also erst nach dem Ende der Postcondition folgen.

Wir werden dieser Konstruktion noch öfters begegnen. Aber abgesehen davon erscheint sie uns an dieser Stelle reichlich kompliziert und es stellt sich die Frage, ob wir die wiederholte Ausführung des Lottoprogamms nicht einfacher erreichen können. Wir sind damit beim FOR-Befehl angekommen.
In MUMPS bewirkt der FOR-Befehl die wiederholte Ausführung des rechts folgenden Teils der Zeile für verschiedene Werte einer Laufvariablen, deren Werte durch das Argument bestimmt werden. Es sind drei Formate vorgesehen, deren Bedeutung wir noch kennenlernen werden. Aber zunächst einige Schreibweisen:

Beispiele

```
FOR K=1:1:6
FOR LAUF=2,4,"YZ"
FOR I=1:1
FOR N1=1:5:13 ... FOR N2=2:2.2:10
FOR L=1:INK:END,"A","B",12,13
```

Im ersten dieser 5 Beispiele wird die FOR-Schleife genau sechsmal durchlaufen. Der Anfangswert von K ist 1 (erste Zahl des Arguments), wird jeweils um 1 erhöht (zweite Zahl des Arguments) und geht bis 6 (Schleifenende als dritte Zahl des Arguments). Die Trennung der einzelnen Parameter erfolgt durch Doppelpunkte. Die Parameter selbst werden als numerische Ausdrücke interpretiert. Ist eine FOR-Schleife abgearbeitet, dann hat die Laufvariable den letzten ausgeführten Wert, in unserem Beispiel also 6. Man nennt diese Art des Formats ein Bereichsformat. Diese Form würde man benutzen, um das Programm ^LOTTO sechsmal auszuführen.

Beim 2. Beispiel handelt es sich um ein Ausdrucksformat. Hier werden der lokalen Variablen LAUF nacheinander die Werte 2,4,"YZ" zugewiesen.

Drittens schließlich das 'Endlosschleifen'-Format. In der Tat ist das eine zunächst überraschende Form des FOR-Befehls, denn im Argument wird zwar der Anfangswert und das Inkrement angegeben, jedoch nicht der Endwert der Schleife. In der Praxis wird man sich dieses Formats immer dann bedienen, wenn man aus irgendwelchen Gründen den Endwert nicht kennt. Ist dann eine Bedingung eingetreten, nach der man die unendliche Schleife beenden möchte, bedient man sich des QUIT- oder des GOTO-Befehls (Meistens in Verbindung mit Postconditional). Der QUIT-Befehl beendet grundsätzlich den Schleifenlauf, gleichgültig um welches FOR-Format es sich handelt. Bei geschachtelten FOR-Schleifen, wie im 4. Beispiel angedeutet, wird immer die innerste Schleife beendet.

Das letzte Beispiel verdeutlicht die Verwendung einer Liste von Formaten. Jedes Element dieser Liste kann eine der oben angegebenen Formen annehmen. Die Abarbeitung erfolgt in der Reihenfolge ihres Auftretens.

Beispiele

```
?FOR I=1:1 W I IF I=10 W !,"Ende der FOR-Schleife" QUIT
12345678910
Ende der FOR-Schleife
?FOR J=1:1 Q:J=4  W " " FOR K=1:1 W J*K Q:K=3
 123 246 369
?
```

Auch beim FOR-Befehl trifft unsere frühere Bemerkung zu, daß eine Programmzeile als Einheit zu betrachten ist.

Denn wieder ist der Geltungsbereich des Befehls der Rest der Zeile. Nach Beendigung des Befehls wird mit der Programmexekution in der nächsten Zeile begonnen, es sei denn, man bedient sich des GOTO-Befehls. Der GOTO-Befehl beendet im Unterschied zum QUIT alle FOR-Schleifen in der Zeile und verzweigt zur angebenen Sprungmarke. Trifft das Programm dort irgendwann auf ein QUIT, wird das laufende Programm beendet und zum aufrufenden Programm zurückgekehrt. Selbstverständlich kann man eine FOR-Schleife auch mit einem HALT-Befehl beenden.

Alle drei Formate des FOR-Befehls erlauben die Verwendung von negativen Zahlen als Argumente. Einige zusätzliche Beispiele beleuchten die Wirkungsweise der Bereichsform des FOR-Befehls:

Beispiele

```
?FOR I=4:-1:-4 W I_" "
4 3 2 1 0 -1 -2 -3 -4
?FOR J=4:-2:8 W J
?FOR K=1:2:20 S K=K+1 W K_" "
2 5 8 11 14 17 20
?
```

Das 2. Beispiel zeigt uns, daß ein FOR-Befehl dann nicht ausgeführt wird, wenn der Endwert größer als der Anfangswert und das Inkrement negativ ist. Ebenso wird bei positivem Inkrement der Rest der Zeile ignoriert, falls der Endwert kleiner als der Anfangswert ist.
Das letzte Beispiel lehrt uns noch, daß die Laufvariable des FOR-Befehls im Wirkungsbereich des Befehls geändert werden kann. Es bedarf keiner zusätzlichen Erklärung, daß man von dieser Möglichkeit nur mit allergrößter Vorsicht Gebrauch machen sollte.

In einer Hinsicht weicht der FOR-Befehl von allen anderen MUMPS-Befehlen ab. Normalerweise ist die Schreibweise

```
BEFEHL ARGUMENT1 BEFEHL ARGUMENT2
```

bei gleichen Befehlen äquivalent mit der Schreibweise

```
BEFEHL ARGUMENT1,ARGUMENT2
```

Das gilt nicht für den FOR-Befehl! Betrachten wir ein Beispiel:

Beispiel

```
?FOR I=1:2:9,I=9:3:27 W " "_I
 1 3 5 7 9 1 4 7 10 13 16 19 22 25
?FOR I=1:2:9 FOR I=9:3:27 W " "_I
 9 12 15 18 21 24 27
?
```

Man erhält tatsächlich zwei völlig unterschiedliche Ergebnisse. Sie lassen sich damit erklären, daß im ersten Beispiel eine Argumentliste angegeben wurde, während das zweite Beispiel zwei geschachtelte FOR-Schleifen enthält.
Der Ausdruck I=9 im ersten Beispiel ist nicht etwa eine Zuweisung sondern bewirkt den Vergleich des Inhalts der Variablen I mit dem Wert 9. Da nach der Abarbeitung des ersten Elements die Variable I genau diesen Wert hat, ergibt der Vergleich den Wert 1, der nun als Anfangswert des zweiten Listenelements benutzt wird.
Im 2. Beispiel wird die innere der beiden Schleifen zuerst abgearbeitet. I hat den abschließenden Wert 27,

der den Endwert der ersten Schleife übersteigt, sodaß die Bearbeitung dieses Schleifenteils nicht wieder aufgenommen wird.

In der Praxis werden solche Fälle nicht auftreten, da man in geschachtelten FOR-Schleifen verschiedene Laufvariablen benutzt.

2.9 Programmunterbrechung

Wir wollen zum Schluß dieses Kapitels über Programmsteuerung zwei Befehle einführen, die jeweils die Ausführung eines Programms auf unterschiedliche Art unterbrechen.

Der erste der beiden Befehle, der BREAK-Befehl, bewirkt, daß die Programmausführung unterbrochen wird und MUMPS vom Programmodus in den Direktmodus wechselt. Jetzt kann man den aktuellen Stand einzelner oder aller Variablen inspizieren oder auch den Wert von Variablen gezielt verändern, um Programmtests durchzuführen. Freilich kann man nun auch die Programmausführung mit HALT ganz beenden.
Um die unterbrochene Ausführung des Programms wieder aufzunehmen, muß man einen - allerdings von Hersteller zu Hersteller unterschiedlichen - Befehl eingeben. Das Programm setzt dann an der Stelle wieder ein, die dem BREAK folgt.
Zwei kleine Beispiele:

Beispiele

```
BREAK
B:J=5
```

Der Befehl wird normalerweise ohne Argument benutzt. Der Standard sieht jedoch die Verwendung eines Arguments vor, dessen Spezifikation allerdings dem einzelnen Hersteller überlassen bleibt.
BREAK kann mit B abgekürzt werden. Die Verwendung der Postcondition ist erlaubt.

Eine typische Anwendung dieses Befehls liegt im Testen der Programme. Jedesmal, wenn sich ein Programm anders verhält, als man es eigentlich erwartet, kann man den BREAK-Befehl einfügen und sich den Status des Programms betrachten. Das kann dadurch geschehen, daß man Werte von Variablen überprüft oder ganz einfach schon dadurch, daß überhaupt die Stelle erreicht wird, an der der BREAK-Befehl eingefügt wurde.

Gelegentlich kann es bei der Programmierung von Schleifen dazu kommen, daß die vorgesehene Bedingung, die die Schleife beenden soll, niemals eintritt. Bei allen MUMPS-Systemen kann man dann mit einer besonderen Taste das Programm von außen beenden. Das ist sozusagen das hardwaremäßige Gegenstück zum BREAK-Befehl. Ebenso wie bei Verwendung des BREAK-Befehls kann die Programmausführung durch Eingabe des dafür vorgesehehen Befehls wieder fortgesetzt werden.

Der zweite Befehl, den wir in diesem Zusammenhang einführen wollen, ist der HANG-Befehl. Als Argument hat HANG einen numerischen Ausdruck, der angibt, wieviele Sekunden die Programmausführung unterbrochen werden soll. Einige Beispiele verdeutlichen die möglichen Schreibweisen:

Beispiele

```
HANG 10
HANG I+J,1.65
H:I>50 I-1.5
```

HANG kann mit H abgekürzt werden. Eine Verwechslung mit dem Befehl HALT, dessen Abkürzung ebenfalls H ist, ist nicht zu befürchten, weil HALT stets argumentlos geschrieben wird, HANG dagegen immer mit Argument. Auch beim HANG-Befehl ist die Verwendung der Postcondition erlaubt. Die Angabe von negativen Argumenten (einschließlich 0) hat keine Wirkung. Zu beachten ist ferner, daß Nachkommastellen des Arguments in einigen MUMPS-Installationen unter Umständen ignoriert werden.

Im Gegensatz zum BREAK-Befehl bleibt man beim HANG-Befehl im Programmodus. Die Anwendung dieses Befehls ist zum Beispiel dann sinnvoll, wenn man Darstellungen auf dem Bildschirm für eine gewisse Zeit festhalten will.

B Typische Einsatzgebiete von MUMPS

Die Sprache MUMPS wurde, wie schon früher erwähnt und wie auch der Name aussagt, ursprünglich für den Einsatz im medizinischen Bereich und in seinem Umfeld entwickelt. Vielleicht lag das daran, daß hier die Anwender nicht bereit waren, sich in das starre Schema einer formatierten Datenhaltung pressen zu lassen oder weil sie über eine Sprache mit ungewöhnlich breitem Funktionsspektrum verfügen wollten, die andererseits nicht allzu schwer erlernbar ist.
Mittlerweile hat sich der Anwendungsbereich der Sprache stark vergrößert und auf typische kommerzielle Bereiche erweitert. Das mag daran liegen, daß der Unterschied zwischen beiden Bereichen gar nicht so groß ist. Die Ursache ist jedoch auch darin zu suchen, daß sich das Aufgabenfeld der kommerziellen Datenverarbeitung beträchtlich ausgeweitet hat. Trotzdem liegt auch heute noch eines der Hauptanwendungsgebiete von MUMPS im Bereich der Krankenhäuser und der zugehörigen Verwaltungen. Insbesondere in den Teilbereichen medizinische Dokumentation, Labor, Patientendurchlauf, Patientenaufnahme und -abrechnung sowie Apotheke findet man in vielen Krankenhäusern MUMPS-Systeme, die die medizinische und administrative Versorgung der Patienten überwachen.

Für diese Anwendungen wurden einige große Programmpakete mit universellem Einsatzbereich entwickelt. Wir wollen hier beispielhaft Systeme vorstellen, die wir durch eigene Erfahrung kennengelernt haben. Diese Aufstellung erhebt keinen Anspruch auf Vollständigkeit. Es existieren sicher noch weitere Entwicklungen, die sich mit den hier angegebenen messen können oder sie sogar noch übertreffen.

Die hier aufgeführten Systeme lassen sich grob in die Bereiche

- o allgemein verwendbare Programmpakete
- o Systeme für die medizinische Dokumentation
- o Systeme für die medizinische Verwaltung

untergliedern.

Zuerst wollen wir auf die allgemeingültige Software eingehen, da sie den breitesten Anwendungsbereich abdeckt.
In diesen Bereich sind die Datenbanksysteme einzuordnen, die eine Benutzerschnittstelle zu dem schon in der Sprache MUMPS enthaltenen Datenverwaltungssystem darstellen. Systeme, mit denen wir eigene Erfahrungen gemacht haben, sind FILE MANAGER und MIDONAS.
FILE MANAGER wurde von Tom Munnecke und George Timson von der Veterans' Administration in den USA entwickelt. Es ist ein interaktives Datenbanksystem, bei dem der Benutzer die Datenstrukturen und Datentypen frei wählen kann.
Das System kann interaktiv als Dialogsystem oder von anderen Programmen benutzt werden. In beiden Betriebsweisen ist es möglich, Daten zu erfassen, zu ändern und abzufragen. Es ist außerdem jederzeit möglich, die Definitionen der Datenstrukturen, die in einem Data Dictionary abgespeichert sind, zu ändern.
Der FILE MANAGER ist seiner Struktur nach als formatiertes Datenbanksystem zu bezeichnen. Das bedeutet, daß

jedem Feld eines Satzes eine bestimmte Bedeutung zugeordnet ist. So kann der Feldinhalt 'GRUEN' sowohl der Name einer Person als auch eine Farbe sein, abhängig davon, ob das Feld die Bezeichnung 'Name' oder 'Farbe' trägt.

Ein anderes Datenbankkonzept wurde in MIDONAS verwirklicht. Hier haben wir es mit einer unformatierten Datenbank zu tun, die unter anderem für Literaturrecherchen benutzt werden kann.
Hier können die Begriffe nur noch grob durch ihr Erscheinen in einem bestimmten Kapitel definiert werden. Jedoch ist zum Beispiel die Bedeutung eines Wortes, das im Kapitel 'Stichworte' erscheint, nicht mehr genau festgelegt.
Dieses Verhalten der Datenbank erscheint auf den ersten Blick als Nachteil, erweist sich jedoch bei Literaturdatenbanken als Vorteil, da der Aufbau und Inhalt von Büchern oder Zeitschriftenartikeln so unterschiedlich ist, daß sie nur schwer in der fest vorgegebenen Struktur einer formatierten Datenbank beschrieben werden können.
MIDONAS (MIlitärisches DOkumenten NAchweis System) wurde in seiner ersten Version um 1975 von R. Streb am Eidgenössischen Militärdepartment der Schweiz entwickelt. An der weiteren Entwicklung war die Abteilung für Dokumentation und Datenverarbeitung der Universitätsklinik in Frankfurt beteiligt. Es verwaltet über 150.000 Dokumente, also Bücher, Zeitschriften, Veröffentlichungen, Dias und Microfiches, und enthält alle für Literaturerfassung, Recherchen und Ausgaben notwendigen Funktionen.
Auch hier können die Datenstrukturen sowie die Erfassungs- und Ausgabemasken vom Benutzer selbst definiert

werden. MIDONAS enthält ein Textsystem, einen Texteditor und einen Reportgenerator. MIDONAS ist natürlich nicht auf die Verwaltung von militärischen Dokumenten beschränkt und ist heute in vielen (auch zivilen) Bibliotheken im Einsatz.

Im Bereich der medizinischen Dokumentation wurde an der Universitätsklinik Frankfurt unter Leitung von Prof. Giere im Rahmen eines Bundesforschungsprojektes das System BAIK (Befunddokumentation und Arztbriefschreibung Im Krankenhaus) entwickelt.
Es ist das erste Bund/Länder Vorhaben im Bereich Datenverarbeitung im Gesundheitswesen, das auf eine rein medizinisch orientierte Anwendung hinzielt. Das System umfaßt eine Datenbank, die die Befunddaten aufnimmt sowie Funktionen zur Datenerfassung, zum automatischen Drucken von Arztbriefen, zur automatischen Klassifikation und zur Wiedergewinnung von Informationen aus der Datenbank. BAIK erlaubt in dieser Hinsicht patientenbezogene Fragen wie "Welche Krankheiten hatte Patient X ?", aber auch befundorientierte Fragen wie "Welche Patienten hatten den Befund Y ?".
Alle Funktionen sind datenunabhängig programmiert. Die Struktur der Datenbank wird genauso vom Benutzer festgelegt wie die Masken zur Datenerfassung, das Format und der Text der Arztbriefe.
Das System speichert die Befunddaten patientenabhängig ab. Daher existieren auch Funktionen zur Erfassung von Personendaten, und der Funktionsumfang erstreckt sich damit teilweise auf den Bereich der medizinischen Verwaltung.
Das BAIK-System ist mittlerweile in vielen Krankenhäusern unterschiedlicher Ausrichtung und unterschiedlicher Rechnerausstattung installiert. Das Projekt war von

Anfang an auf eine weite Verbreitung der Software angelegt. Die Programme sind daher in striktem Standard-MUMPS geschrieben und es zeigte sich, daß die Installation der Software auf unterschiedlichen Rechnern mit geringem Aufwand bewerkstelligt werden kann.

Ein weiteres in Deutschland entwickeltes System ist KRAZTUR (KleinRechnergestütztes Allgemeines Dokumentationssytem mit Zusätzlichen Text- Und Retrievalfunktionen). Das ursprünglich für ein Krebsnachsorgeregister bestimmte System mit automatischer Terminüberwachung und Arztbriefschreibung enthält einen Datenbank- und Dialoggenerator und wird gegenwärtig vom Tumorzentrum Heidelberg/Mannheim, das unter fachlicher Aufsicht des Deutschen Krebsforschungszentrums Heidelberg steht, weiterentwickelt.

Ein System, dessen Funktionsumfang bereichsübergreifend ist, ist COSTAR (COmputer STored Ambulatory Record System). COSTAR ist ein unter der Leitung von G. Octo Barnett entwickeltes flexibles medizinisches Informationssystem mit dem Schwerpunkt im Bereich der ambulanten Versorgung des Patienten. Es ist das in den USA am häufigsten eingesetzte MUMPS-System für medizinische Zwecke. Es wird sowohl in Einzel- und Gruppenpraxen niedergelassener Ärzte benutzt, als auch in Kliniken und in der öffentlichen und privaten Gesundheitsfürsorge. Es wurde ursprünglich vom Massachusetts General Hospital entwickelt und wird heute von der MITRE Corporation in den USA vertrieben.
COSTAR enthält eine Patientendatenbank sowie alle notwendigen Funktionen zum Erfassen, Ändern und Wiedergewinnen von Informationen. Die Datenbank sowie die Erfassungs- und Ausgabeprogramme werden über ein Data

Dictionary gesteuert. Im System integriert ist ein Reportgenerator, dessen Ausgabeformat vom Benutzer selbst festgelegt werden kann.

Ausschließlich für den Bereich der medizinischen Verwaltung wurde das System PATS (PATientenaufnahme Stationär) an der Universitätsklinik Frankfurt entwickelt. An dieser Entwicklung waren die Autoren maßgeblich beteiligt.
PATS enthält eine relationale Patientendatenbank sowie die zu ihrer Wartung, Beschickung mit Daten und Auswertung erforderlichen Funktionen. Das System ermöglicht eine automatische Terminüberwachung und Fristenverfolgung, die den Sachbearbeiter weitgehend entlasten.

Wenn man die Anwendungen analysiert, die heute in MUMPS realisiert oder geplant sind, so kann man allgemein feststellen, daß die Sprache überall dort eingesetzt wird, wo viele Datenelemente variabler Länge gespeichert und bearbeitet werden müssen.
Bei diesen Anwendungen nutzt man den Vorteil von MUMPS, daß die in die Sprache eingebettete Datenbank Sätze variabler Länge abspeichern kann und damit der verfügbare Speicherplatz stets optimal genutzt wird.
Dieser Vorteil wird auch in wachsendem Maße von der Industrie erkannt. Daher nehmen auch hier die auf MUMPS basierenden Anwendungen zu. Stellvertretend für viele andere Einsatzbereiche sind hier zu nennen

- o alle Bereiche der Management Information und Decision Support Systeme
- o automatisierte Lagerverwaltung

- o Containerumschlag
- o Großhandelsorganisation
- o Banken und Finanzorganisation

Aber auch ein anderer Aspekt von MUMPS wird zunehmend von kommerziellen Anwendern registriert: die effiziente Programmierung, die mithilft, die immer noch vergleichsweise steigenden Softwareerstellungskosten erträglich zu halten.

In diesem Sinne ist MUMPS eine vielseitige Sprache. Verfügbar auf Rechnern der kleinsten Kategorie ebenso wie auf mittleren und größeren Anlagen. Vielseitig aber auch dadurch, daß der Sprachinhalt den Funktionsumfang aller anderen vergleichbaren Sprachen überschreitet, ohne daß dabei die Sprachübersicht leiden würde. Aus dem letzten Grund hat man nicht versucht, der Sprache mathematische Fähigkeiten zu geben, die über die vier Grundrechnungsarten hinausgehen.
Schließlich ist MUMPS in den Händen eines erfahrenen Programmierers ein Werkzeug, mit dem er effizient Software erstellt, aber der Anfänger kann ebenfalls in kurzer Zeit kleine Anwendungen formulieren und programmieren.

3. Textverarbeitung mit MUMPS

3.1 Funktionen zur Textmanipulation

Die ursprüngliche Anwendung der Datenverarbeitung bestand im Verarbeiten von Zahlenwerten. Es handelte sich überwiegend um mathematische Anwendungen mit den vier Grundrechenarten, sowie um die in der höheren Mathematik gebräuchlichen Funktionen (Exponentialfunktion, trigonometrischen Funktionen, etc.).

Im Laufe der Zeit kam noch eine andere, von dieser 'wissenschaftlichen' Datenverarbeitung vollkommen verschiedene Art der Verarbeitung von Daten hinzu.
In kommerziellen Anwendungen wie zum Beispiel Buchführung oder Verwaltung großer Mengen von Stammdaten wurden nur noch die rudimentären mathematischen Funktionen benötigt, während in zunehmenden Maße Funktionen zur Umgruppierung und Neuordnung von numerischen und alphanumerischen Daten erforderlich wurden.
Später kam noch eine dritte Sparte der Datenverarbeitung hinzu, in der Texte und Zeichenketten variabler Länge verarbeitet und aufbereitet werden mußten.

Der MUMPS zugrunde liegende Datentyp der variabel langen Zeichenkette läßt diese Sprache für die Textverarbeitung besonders geeignet erscheinen. In der Tat ist MUMPS unter besonderer Berücksichtigung der sich hier ergebenden Anforderungen entwickelt worden.
Natürlich haben die mathematischen Operationen im Zusammenhang mit der Textmanipulation nicht mehr die Bedeutung, die sie ursprünglich besaßen. Gefragt sind jetzt Operatoren, die auf Texte 'wirken' und Funktionen,

die ganz allgemein Texte manipulieren können. Als Operator dieser Art haben wir schon den Konkatenationsoperator "_" und als Funktion $LENGTH kennengelernt.
Das Bedürfnis nach weiteren Funktionen möge ein Beispiel erläutern. Angenommen wir haben zwei Variable LIT1 und LIT2, die jeweils den Autor,Titel und Erscheinungsjahr eines Buches enthalten, getrennt durch einen Stern (*).

```
LIT1="Luther, Martin*Die Heilige Schrift*1521"
LIT2="Marx, Karl*Das Kapital*1867"
```

Man beachte, daß sowohl der Name des Autors als auch der Titel unterschiedlich lang sind, lediglich das Erscheinungsjahr ist generell vierstellig. Typische Anforderungen an eine textverarbeitende Programmiersprache sind folgende Fragestellungen:

Anforderung	in MUMPS	Abkürz.
Gib die Länge von LIT1	$LENGTH	$L
Extrahiere aus LIT1 25 Zeichen	$EXTRACT	$E
Gib die Position des 1. "*"	$FIND	$F
Extrahiere Titel aus LIT2	$PIECE	$P

Dabei haben wir schon in der zweiten Spalte die Realisierung dieser Anforderung als Funktion in MUMPS notiert und in der dritten Spalte die jeweilige Abkürzung der Funktion.

Noch ein Wort zu unterschiedlich langen Zeichenketten. Eine Möglichkeit, feste Längen herbeizuführen, bestände im Auffüllen mit Leerzeichen. Tatsächlich wird das bei vielen anderen Programmiersprachen auch gemacht, hat aber den großen Nachteil, Platz beim Abspeichern der Information zu verschenken. Ein anderer Nachteil, der nicht ganz so offensichtlich zu Tage tritt, ist folgender: Feste Satzlänge einzuführen bedeutet, eine Maximallänge im voraus anzugeben, die die Zeichenkette nicht übersteigen darf. Ändert sich diese Maximallänge aus irgendwelchen Gründen im Verlauf der Zeit, dann sind gewöhnlich aufwendige Programmänderungen vorzunehmen.

In MUMPS verwendet man sinnvollerweise Zeichenketten mit variabler Länge und trennt die unterschiedlichen Teile der abgespeicherten Information mit Trennzeichen, etwa mit einem Stern (*), wie in unserem Beispiel. Man nennt dann die Information zwischen zwei Trennzeichen ein Teilstück des Strings.

Nach dieser generellen Betrachtung wollen wir die Funktion $EXTRACT näher erläutern. Mit ihrer Hilfe kann man Teilstrings fester Länge aus einer gegebenen Zeichenkette extrahieren. Einige Schreibweisen verdeutlichen das Konzept:

Beispiele

```
?WRITE $EXTRACT(LIT1)
L
?WRITE $EXTRACT(LIT1,7)
,
?WRITE $EXTRACT(LIT1,9,14)
Martin
```

```
?WRITE $EXTRACT(LIT2,$LENGTH(LIT2)-3,$LENGTH(LIT2))
1867
?
```

Generell ist bei den Funktionen $EXTRACT, $FIND, $PIECE und $LENGTH das erste Argument stets die zu bearbeitende Zeichenkette, die nachfolgenden Argumente spezifizieren die auszuführende Tätigkeit.

Hat $EXTRACT nur ein Argument, wird das erste Zeichen der zu bearbeitenden Zeichenkette extrahiert. Sind zwei Argumente angegeben, wird dasjenige Zeichen der Zeichenkette extrahiert, das durch das zweite Argument spezifiziert ist, in unserem Beispiel also das 5. Zeichen. Ist es größer als die Gesamtlänge, ist das Ergebnis der Leerstring ("").

In der Form mit drei Argumenten bedeuten das zweite Argument die Anfangsposition und das dritte die Endposition des zu extrahierenden Strings. Ist das dritte Argument kleiner als das zweite, ist das Resultat ein Leerstring (""). Übersteigt es dagegen die Gesamtlänge des Strings, wird bis zum Stringende extrahiert.
Möchte man nun in einer Zeichenkette von einer gegebenen Position bis zum Ende extrahieren, kann man als 3. Argument gerade $LENGTH von dieser Zeichenkette angeben, wie wir es im letzten Beispiel gezeigt haben, wo als Ergebnis das Erscheinungsjahr von LIT2 herauskommt. Hier hätte man auch ohne Kenntnis der Länge von LIT1 als Endposition 255 angeben können, denn kein String ist in MUMPS länger als diese obere Grenze.

Die nächste Funktion, die wir betrachten wollen, ist $FIND. Diese Funktion entscheidet, ob und ab welcher

Position eine Zeichenfolge in einem String vorkommt. Einige Schreibweisen sollen das Aussehen der Funktion verdeutlichen.

Beispiele

```
?W $FIND("ABCDE","D")           ; Beispiel 1
5
?W $FIND("AAAAXXX","XXX")       ; Beispiel 2
8
?W $FIND("azazazaz","az",4)     ; Beispiel 3
7
?W $FIND("AB","X")              ; Beispiel 4
0
?W $FIND("","")                 ; Beispiel 5
1
?
```

Das 2. Argument ist generell der String, nach dem im 1. Argument gesucht wird. Wird dieser nicht gefunden, ist das Ergebnis eine Null. (Beispiel 4). Wird er gefunden, übergibt $FIND die Endposition des gefundenen Strings plus eins (Beispiel 1, 2). Ein drittes Argument in der Funktion kann die Stelle angeben, ab der nach dem String gesucht wird (Beispiel 3). Ist dieses größer als die Gesamtlänge des 1. Arguments, ist das Ergebnis eine Null. Auch nach dem leeren String ("") kann gesucht werden (Beispiel 5), selbst wenn das auf den ersten Blick wenig Sinn ergibt. MUMPS geht davon aus, daß der leere String in jeder Zeichenkette vorhanden ist, selbst im Leerstring und liefert generell eine 1 als Ergebnis.

Oft verwendet man diese Funktion, um nach den Trennzeichen zu suchen, die in Zeichenketten unterschiedliche

Information abgrenzen. Beispielsweise möchte man in unseren beiden Variablen LIT1, LIT2 den Autor bzw. den Titel extrahieren, weiß aber nicht die Startposition der Trennzeichen "*". Diese kann man leicht mit $FIND finden:

Beispiel

```
?W $EXTRACT(LIT1,1,$FIND(LIT1,"*")-2)
Luther, Martin
?
```

Dieses Beispiel zeigt eine Kombination der Textmanipulationsfunktionen, wie sie uns noch öfters begegnen wird. Wichtig ist, daß man erkennt, daß $FIND(LIT1,"*") die Position nach dem Stern angibt. Man muß also 2 abziehen, um die letzte Position des Namens des Autors zu bekommen. Freilich gibt es noch einfachere Mittel, um den Autor aus LIT1 zu extrahieren.
Betrachten wir dazu $PIECE. Diese Funktion ermöglicht es, auf eine noch elegantere Weise Teilketten aus gegebenen Strings zu separieren, die ein oder mehrere Trennzeichen enthalten. Wie in den anderen Textmanipulationsfunktionen ist das erste Argument derjenige String, der bearbeitet werden soll. Als zweites Argument gibt man einen Trennstring an, der aus einem oder mehreren Zeichen bestehen kann. Das dritte Argument, falls vorhanden, ist die Angabe, welches Teilstück man aus dem Gesamtstring extrahieren möchte. Einige Beispiele verdeutlichen den Sachverhalt.

Beispiele

```
?W $PIECE("NACHNAME, VORNAME",",")
NACHNAME
```

```
?W $PIECE("FRUEHLING/ SOMMER/ HERBST/ WINTER","/",3)
 HERBST
?W $PIECE("Das Trennzeichen ist ein Blank"," ",4)
ein
?W $PIECE("AAA,BBB,CCC","%")
AAA,BBB,CCC
?W $P("axxaxxa","axxa",2)
xxa
?
```

Im ersten Beispiel ist das Trennzeichen ein Komma, im nächsten ein Schrägstrich und im dritten ein Leerzeichen.

Ist das Trennzeichen oder der Trennstring nicht im Suchstring enthalten, wird der Suchstring als Resultat zurückgegeben (vorletztes Beispiel).

Das letzte Beispiel verdeutlicht die Verwendung eines aus mehreren Zeichen bestehenden Trennstrings. Zu beachten ist, daß $PIECE nur nichtüberlappende Trennstrings erkennt.

Im Gegensatz zur $EXTRACT Funktion, wo man die Start- und Endposition angeben mußte, benötigt man bei der $PIECE Funktion nur die Information, das wievielte Teilstück man extrahieren möchte.

Man kann diese Funktion auch dazu benutzen, ursprünglich in fester Satzlänge abgespeicherte Daten, deren nichtbenutzter Rest rechtsbündig mit Leerzeichen aufgefüllt ist, auf die tatsächliche Länge zu komprimieren. Enthalte dazu die Variable NAME mit der festen Länge 10 einen Nachnamen in der Form: "Meier   ". Um die Leerzeichen zu entfernen, kann man sich der folgenden Anweisungfolge bedienen:

Beispiel

```
?S NAME="Meier     ",LEER="          "
?S NAME=$PIECE(NAME_LEER,LEER) W NAME,!,$L(NAME)
Meier
5
?
```

Wie man sieht, enthält die Variable NAME nur noch den Namen. Dieses Beispiel zeigt aber auch wieder, daß der Trennstring nicht immer nur aus einem Zeichen bestehen muß.

Ein anderes Beispiel für die Verwendung von $PIECE wird uns der nächste Abschnitt bei der Einführung der speziellen Variable $HOROLOG bringen.

$PIECE gibt es auch in einer Form mit 4 Argumenten. Die beiden letzten Argumente geben dann den Bereich an, aus dem die Teilstücke genommen werden.

Beispiel

```
?W $P("FRUEHLING/ SOMMER/ HERBST/ WINTER","/",1,3)
FRUEHLING/ SOMMER/ HERBST
?
```

Man steht gelegentlich vor dem Problem, Teile einer Zeichenkette durch andere Zeichen zu ersetzen oder ganz zu entfernen. Beispielsweise möchte man in der Zeichenkette Z="abc*ABC" den Teilstring "ABC" durch "xyz" ersetzen. Prinzipiell ist das mit den bisher eingeführten Mitteln zu bewältigen, wenn vielleicht auch etwas umständlich. In MUMPS wurde dazu eine besondere Möglichkeit der Zuweisung geschaffen: SET $PIECE.

Beispiel

```
?SET Z="abc*ABC"
?SET $P(Z,"*",2)="xyz" WRITE Z
abc*xyz
?
```

Man sieht zunächst, daß die Funktion $PIECE auf der linken Seite des Gleichheitszeichens steht. Der erste Parameter in den Klammern ist der Name der zu ändernden Variablen, der zweite das Trennzeichen und der dritte wieder die Position des Teilstrings, der ersetzt werden soll. Auf der rechten Seite des Gleichheitszeichens steht der einzusetzende String. Man kann die linke Seite durch Angabe eines vierten Parameters erweitern. Dann werden die in diesem Bereich stehenden Teilstrings durch die rechts stehende Zeichenkette ersetzt. Also:

Beispiel

```
?S $PIECE(Z,"*",1,2)="XYZ" WRITE Z
XYZ
?
```

Es ist schließlich noch möglich, Trennzeichen anzufügen.

Beispiel

```
?S $PIECE(Z,"*",10)="*" W Z
XYZ**********
?
```

In der Praxis erweist sich diese Variante der $PIECE-Funktion als äußerst hilfreich.

Wir wollen nun noch auf eine Gefahr hinweisen, die dann entstehen kann, wenn man Trennzeichen benutzt, die in der deutschen Referenz-Version (siehe im Anhang) des ASCII-Zeichensatzes Umlaute sind.
Normalerweise werden MUMPS-Programme an Bildschirmen mit internationaler Tastatur entwickelt. Sind diese Programme zum Erfassen von Eingabedaten gedacht, die deutsche Umlaute enthalten, muß man bei der Wahl der Trennzeichen der $PIECE-Funktion sorgfältig vorgehen. Beispielsweise ist in der Referenz-Version der Rückstrich als Ö definiert. Würde man nun in einem Programmteil den Rückstrich als Trenner wählen, um Daten gegeneinander abzugrenzen, würde ein Ö in einem Datenfeld die Wirkung eines Trennzeichens haben. Bei der Extraktion mit $PIECE würden die Ursprungsdaten verstümmelt.
Daher empfehlen wir bei Programmen, die zum Erfassen von deutschsprachigem Text gedacht sind, nur Trennzeichen zu verwenden, die auch im deutschen Zeichensatz Sonderzeichen darstellen.

Kehren wir noch einmal zur vierargumentigen Form von $PIECE zurück. Mit dieser Bereichsform kann man zum Beispiel alle Teilstücke von einem gegebenen Trennzeichen bis zum Schluß des Gesamtstrings extrahieren. Wie aber bekommt man die Anzahl der Trennzeichen, oder ganz allgemein die Anzahl von beliebigen Unterstrings in einer Zeichenkette? Diese Frage läßt sich mit einer Erweiterung von $LENGTH lösen, indem man ein zweites (Such-) Argument einfügt. $LENGTH liefert dann die Anzahl der im ersten Argument enthaltenen Teilstrings, die durch die im zweiten Argument enthaltene Zeichenkette voneinander getrennt werden. Ein Beispiel möge das verdeutlichen. LIT1 habe wieder den anfangs gesetzten Wert.

Beispiel

```
?W LIT1
Luther, Martin*Die Heilige Schrift*1521
?FOR I=1:1:$LENGTH(LIT1,"*") W $PIECE(LIT1,"*",I),!
Luther, Martin
Die Heilige Schrift
1521
?
```

Man bekommt also alle Teilstücke einer gebenenen Zeichenkette. $LENGTH mit zwei Argumenten in Verbindung mit $PIECE ist gewissermaßen das Gegenstück zu $LENGTH mit einem Argument in Verbindung mit $EXTRACT.

3.2 Die spezielle Variable $HOROLOG

Es ist bei vielen Programmanwendungen sehr nützlich, über die Zeit und das Datum zu verfügen. Bei Listen, Statistiken oder Ähnlichem möchte man das Datum des Entstehens mit angeben, bei anderen Ausdrucken, die mehrmals täglich ausgebenen werden, benötigt man die Uhrzeit.
MUMPS enthält die Uhrzeit in einer speziellen Variablen mit dem Namen $HOROLOG. Sie kann mit $H abgekürzt werden. $HOROLOG besteht aus zwei ganzzahligen Zählern, die, durch Komma getrennt, in einem String enthalten sind.

Beispiel

```
?W $HOROLOG
51720,36127
?
```

Merkwürdig ist zunächst das ungewöhnliche Format, das folgende Bedeutung hat: Der erste Zähler ist der Tageszähler, der zweite der Sekundenzähler. Dabei wird der Tageszähler vom 1. Januar 1841 - dem Stichtag mit dem Wert 1 - jeden Tag um 1 hochgezählt. Der 9.August 1982 hatte demnach den Wert 51720, das heißt, seit dem 1. Januar 1841 sind 51720 Tage vergangen. Der Sekundenzähler wird von Mitternacht gerechnet. Das bedeutet, er liegt im Bereich 0 (24 Uhr) bis 86399 (23 Uhr 59 Minuten und 59 Sekunden).

Dieses nur scheinbar komplizierte Format erfährt seine Berechtigung dadurch, daß es einfacher ist, einen Zähler hochzuzählen, als die komplexe Kalenderarithmetik zu benutzen. Hat man etwa zwei unterschiedliche Kalendertage im $HOROLOG-Format abgespeichert, ist es einfach, daraus die Differenz zu bilden, ohne Kenntnis über Schaltmonate, unterschiedliche Tagesanzahl in den einzelnen Monaten, etc. haben zu müssen.

Wir wollen jetzt den 2. Teil der speziellen Variablen $HOROLOG mit Hilfe eines kleinen Programms in eine lesbare Form umwandeln. Das Programm entspricht in einer leicht abgewandelten Version dem des ANS MUMPS Programmers' Reference Manual 1981 der MUMPS Users' Group auf Seite 98. Dort findet man auch ein Programm zur Konversion des Datumteils von $HOROLOG.

Beispiel

```
¦ZEIT ; HESSE ; KIRSTEN ; 9.08.1982
¦     ; ZEITKONVERSION AUS $HOROLOG
¦ S ZEIT=$PIECE($HOROLOG,",",2),SEK=ZEIT#60
¦ S X=ZEIT\60,STU=X\60,MIN=X#60
¦ S:$L(STU)=1 STU="0"_STU S:$L(MIN)=1 MIN="0"_MIN
¦ S:$L(SEK)=1 SEK="0"_SEK
¦ WRITE STU,":",MIN,":",SEK
¦ QUIT
```

Die Ausführung dieses Programms durch DO ^ZEIT würde uns die Zeit im Format 21:17:56 bringen. Zur Erklärung des Programms sei auf Folgendes hingewiesen. Zuerst wird mit $PIECE der zweite Teil von $HOROLOG extrahiert und in die Variable ZEIT gesetzt. Bekanntlich ergeben 60 Sekunden eine Minute und 60 Minuten eine Stunde. Der Rest einer Division durch 60 ergibt die Anzahl der Sekunden. Sie ergeben sich also durch Restdivision mit 60. In der

Zwischenvariablen X wird das Ergebnis der Ganzzahldivision von ZEIT durch 60 gespeichert, aus der man durch erneute Ganzzahldivision mit 60 die Stunden und durch Restdivision mit 60 die Minuten bekommt. Die Ganzzahldivision liefert ja den Wert einer gewöhnlichen Division, allerdings ohne die Dezimalfraktion. Anschließend wird die Zeit in der angegebenen Form ausgegeben.

3.3 Operatoren zur Textmanipulation

MUMPS bietet als Hilfe bei der Manipulation von Texten nicht nur die erwähnten Funktionen an, sondern unterstützt die Textverarbeitung auch mit speziellen Vergleichsoperatoren.
Diese Operatoren für Zeichenketten entsprechen den Vergleichsoperatoren für numerische Werte, die wir bei der Einführung des IF-Befehls betrachtet haben. Auch sie können in jedem beliebigen Ausdruck stehen und liefern als Ergebnis eine 0 (für logisch falsch) oder eine 1 (für logisch wahr). Auch sie unterliegen - wie die numerischen Operatoren - der strengen links-nach-rechts Reihenfolge bei der Abarbeitung.
Einer der Vergleichsoperatoren für Texte wurde schon bei der Besprechung des IF-Befehls benutzt; es ist der Gleichheitsoperator (=). Wir haben bereits bei seiner Anwendung für den numerischen Vergleich erwähnt, daß er nur Zeichenketten vergleicht. Um numerische Werte vergleichen zu können, mußte die numerische Interpretation der Operanden erzwungen werden.
Der Gleichheitsoperator liefert genau dann einen logisch wahren Wert (1), wenn seine beiden Operanden in ihrer Länge und in jedem Zeichen übereinstimmen.

Beim numerischen Vergleich gibt es neben dem Vergleich auf Gleichheit zweier Operanden auch noch den Vergleich auf größer bzw. kleiner. Eine entsprechende Operation läßt sich auch auf Zeichenketten definieren, wenn man von der lexikografischen Reihenfolge ausgeht.
Bei diesem Vergleich werden zwei Zeichenketten von links nach rechts verglichen bis das erste Zeichen gefunden wird, in dem sie sich unterscheiden. Die Zeichenkette,

die an dieser Stelle das Zeichen hat, das in alphabetischer Reihenfolge zuerst steht, wird als 'kleiner' bezeichnet. Wird bei dem Vergleich das Ende einer Zeichenkette erreicht, bevor ein Zeichen gefunden wird, in dem sie sich unterscheiden, so wird die kürzere Zeichenkette als 'kleiner' bezeichnet.
MUMPS stellt einen Operator zur Verfügung, der Zeichenketten nach dem angegebenen Schema vergleicht. Es ist der 'Folgt'-Operator, der durch das Zeichen "]" dargestellt wird. Dieser Operator liefert genau dann eine eins (logisch wahr), wenn sein linker Operand dem rechten in der lexikalischen Reihenfolge folgt, also größer ist. Auch der Folgt-Operator läßt sich durch die Angabe des Nicht-Zeichens (') negieren.

Beispiele

```
?W "KLEINER"]"GROESSER"
1
?W "MUMPS"]"BASIC"
1
?W "ENDE"']"ANFANG"
0
?W "ENTE"]"ENDE"
1
?W "A"]"AFFE"
0
?
```

Vorsicht ist geboten, wenn man Zeichenketten miteinander vergleicht, die nationale Sonderzeichen enthalten. In der deutschen Sprache sind das die Umlaute und das Eszett (ß). Da diese Zeichen in der ASCII-Sortierordnung hinter den alphabetischen Zeichen stehen, kann es beim Vergleich zu unerwarteten Ergebnissen kommen.

Andere Vergleichsoperatoren für Zeichenketten, die MUMPS zur Verfügung stellt, finden keine Entsprechung bei den numerischen Vergleichsoperatoren. Zum Beispiel überprüft der 'Enthält'-Operator (im Zeichen [) eine Zeichenkette darauf, ob sie eine andere enthält. Dieser Operator ist der $FIND-Funktion sehr ähnlich. Wenn man das Resultat der $FIND-Funktion logisch interpretiert, liefert der Ausdruck $FIND(A,B) das gleiche Ergebnis wie der Ausdruck A[B. Trotzdem ist die zweite Möglichkeit natürlich kürzer zu schreiben und übersichtlicher.
Auch für den Enthält-Operator gibt es die negierte Schreibweise, bei der das Nicht-Zeichen dem Operator vorangestellt wird.

Beispiele

```
?W "ABCDEFGHIJKLMN"["DEF"
1
?W "JN"["JA"
0
?W "MUMPS"'["BASIC"
1
?W 5*5[2
1
?
```

Das letzte Beispiel verdeutlicht wieder einmal, daß in MUMPS Zahlen gleichwertig mit Zeichenketten sind und daß Ausdrücke, selbst wenn sie verschiedenartige Operatoren enthalten, immer von links nach rechts ausgewertet werden.

Jetzt wollen wir noch zu einem Vergleichsoperator kommen, den neben MUMPS nur noch sehr wenige andere Sprachen zu bieten haben. Es ist der Operator für den Mustervergleich. Mit diesem Operator ist es sehr einfach möglich, eine Zeichenkette daraufhin zu untersuchen, ob sie einem vorgegebenen Muster entspricht.
Das Symbol für den Mustervergleich ist das Fragezeichen (?). Der linke Operand ist die Zeichenkette, die untersucht werden soll. Der rechte Operand ist ein sogenanntes 'Muster' (englisch: pattern, daher wird der Mustervergleich im englischen Sprachgebrauch auch patternmatch genannt).
Dieses Muster ist nach einem einfachen Prinzip aufgebaut: Es besteht aus einer ohne Trennzeichen aneinandergereihten Folge von Musterelementen. Jedes dieser Musterelemente besteht aus einem Teil, der einen Wiederholungsfaktor angibt und einem Teil, der angibt, auf was zu vergleichen ist. Die möglichen Angaben für diese beiden Teile sind in den auf den folgenden Seiten dargestellten Tabellen enthalten.

Man kann den Mustertyp auf zwei verschiedene Arten definieren. Ist die Zeichenkette genau vorgegeben, wird man ein Stringliteral benutzen. Die andere Möglichkeit faßt Gruppen von Zeichen zu Klassen zusammen, die durch die in der Tabelle angegebenen Symbole repräsentiert werden. Man kann mehrere Klassen zusammenfassen, indem man die zugehörigen Symbole hintereinander schreibt (z.B. AN für alphabetische oder numerische Zeichen).

Wiederholungs-Faktor	Bedeutung
<Zahl>	Das Muster muss genau so oft erscheinen, wie durch den Literal festgelegt.
<Zahl1>.<Zahl2>	Das Muster muss mindestens <Zahl1> und höchstens <Zahl2> mal erscheinen.
<Zahl>.	Das Muster muss mindestens <Zahl> mal und kann beliebig oft erscheinen.
.<Zahl>	Das Muster darf höchstens <Zahl> mal erscheinen.
. (Punkt)	Das Muster darf beliebig oft erscheinen.

Wiederholungsfaktor (Die angegebenen Zahlen müssen ganzzahlige Literale sein).

Musterangabe	Bedeutung
<Stringliteral>	Es muss genau dieser String erscheinen
C	Nicht-druckbares ASCII-Zeichen
N	Numerisches Zeichen (0-9)
P	Interpunktionszeichen (einschließlich Leerzeichen)
A	Alphabetische Zeichen (A-Z,a-z)
L	Kleine Buchstaben (a-z)
U	Große Buchstaben (A-Z)
E	Alle ASCII-Zeichen

Vergleichsteil.

Das Zeichen für die Musterangabe hat folgende englische Bedeutung, die man auch als mnemotechnische Hilfe benutzen kann:

C	Control characters	N	Numeric
P	Punctuation	A	Alphabetic
L	Lower case	U	Upper case
E	Every sign		

Einige Beispiele mögen die Verwendung des Mustervergleichs verdeutlichen.

Beispiele

```
?W "03.01.82"?2N1P2N1P2N
1
?W "Mueller, Erwin"?1.AP
1
?W "SATZ MIT X"?.E1"X".E
1
?W "SATZ OHNE ..."?.E1"X".E
0
?W "ABCDEFabcdef"?1.6U1.6L
1
?W "3.521"?.1"-"1.N.1".".N
1
?W "Wort"'?1U.L
0
?
```

Das letzte Beispiel zeigt, daß auch beim Mustervergleich die negierte Schreibweise erlaubt ist, die die logische Aussage des Operators genau in ihr Gegenteil verkehrt.

Der Mustervergleich ist eines der Sprachelemente von MUMPS, die wesentlich zur Überlegenheit der Sprache im Bereich der Textverarbeitung und bei der Antwortüberprüfung in Dialogprogrammen beitragen, dessen Bedeutung und Anwendbarkeit aber erst der erfahrene Praktiker richtig überschauen kann.

3.4 Die Benutzung externer Geräte und Timeout

Die Kommunikation mit MUMPS verlief bisher über das sogenannte Hometerminal. Jede Ein- oder Ausgabe, die durch einen MUMPS-Befehl erzeugt wurde, erschien auf dem Bildschirm, mit dem man gerade arbeitete. Nun möchte man aber oft auch auf andere Geräte Zugriff haben. Das können Drucker sein, um Listen, Statistiken oder Berichte auszudrucken, aber auch andere Bildschirme, mit denen man kommunizieren möchte. Je nach MUMPS-System versteht man darunter auch Bandstationen, Schnelldrucker oder Floppy-Discs. Diese externen Geräte haben einen Namen, unter dem sie angesprochen werden. Diese Namen sind von Hersteller zu Hersteller unterschiedlich, wie insgesamt die Benutzung externer Geräte nicht einheitlich behandelt wird. MUMPS gibt nur einen minimalen Rahmen, alles andere muß man der Beschreibung seines eigenen MUMPS-Systems entnehmen.
Um ein externes Gerät ansprechen zu können, muß es 'geöffnet' werden. Unter diesem Sachverhalt versteht man die Mitteilung des Programms an den Interpreter, daß es das Gerät im weiteren Verlauf benutzten will. Das geschieht mit dem OPEN-Befehl. Hier zunächst wieder einige mögliche Schreibweisen:

Beispiel

```
OPEN 3
OPEN "FLOPPY"
OPEN DEV,TERM
OPEN:COND=1 BILD
O DISC::10
O:X=1 IO:(VAR1:200:VAR2):TIMEOUT
```

Der OPEN-Befehl kann mit O abgekürzt werden. Als OPEN-Argumente sind allgemeine Ausdrücke zugelassen. In den Beispielen sind 3 und FLOPPY Namen externer Geräte, TERM, BILD, DISC und IO Variablen, die Namen externer Geräte enthalten. Die Postconditionalisierung des OPEN-Befehls ist erlaubt, nicht jedoch die der Argumente. Je nach Implementierung sind zusätzliche Argumente erlaubt, wie uns das letzte Beispiel vermittelt.

Bei der Benutzung von OPEN kann es jetzt vorkommen, daß andere Programme einen Zugriff auf dasselbe externe Gerät bereits angemeldet haben, ein gleichzeitiger Zugriff aber nicht möglich ist. Das hätte zur Folge, daß das letzte OPEN solange warten müßte, bis der Vorgänger die Benutzung beendet hätte, ein insgesamt unbefriedigender Zustand. Deshalb bietet MUMPS den sogenannten Timeout an, d.h. die Angabe einer Anzahl von Sekunden, die man maximal auf die Freigabe des Geräts warten möchte. Wird diese Zeit überschritten, fährt das MUMPS-Programm mit der Ausführung der nächsten Anweisung fort. Gibt man einen Timeout an, müssen zwei Doppelpunkte dem Namen des Geräts folgen. Daran schließt sich die Angabe der Sekunden an, die man warten möchte.

Wie aber erkennt MUMPS, ob das Öffnen eines externen Gerätes erfolgreich war oder ob der Timeout verstrichen ist? Zur Beantwortung dieser Frage kommt wieder die spezielle Variable $TEST ins Spiel. Ist sie nach dem OPEN-Befehl mit dem Wert 1 besetzt, war das Öffnen des Geräts erfolgreich. Ist sie dagegen 0, ist der Timeout verstrichen, ohne daß das angegebene Gerät geöffnet werden konnte. Wir können also $TEST zur Abfrage benutzen, ob das OPEN erfolgreich war, und je nach Situation Entscheidungen über den weiteren Programmablauf treffen. Das geschieht am besten mit dem ELSE-Befehl, wie das nächste Beispiel zeigt.

Beispiel

```
OPEN BILD::10 ELSE  GOTO ABBRUCH
OPEN DEV::30 GOTO ZU:'$TEST
```

Die beiden Beispiele entsprechen sich in ihrer Wirkung, denn jeweils wird nach einer Programmarke verzweigt, wenn sich herausstellt, daß das externe Gerät nicht geöffnet werden kann.

Wir wollen an dieser Stelle anmerken, daß ein Timeout-Parameter auch beim READ-Befehl angegeben werden kann.

Beispiel

```
READ "Eingabe---",ANTWORT:15 ELSE  G LABEL
READ "Name---",NAME#25:30
```

Man beachte, daß dem Argument beim READ nur ein Doppelpunkt folgt. Ansonsten ist die Ausführung ähnlich dem OPEN-Befehl. Erfolgt innerhalb von 15 Sekunden keine Eingabe, wird mit der Ausführung des nächsten Befehls begonnen. Die Variable ANTWORT enthält den leeren String (""), $TEST ist 0 und ELSE verzweigt zum Label LABEL. Das zweite Beispiel zeigt die Schreibweise, wenn man sowohl Längenbegrenzung als auch Timeout benutzen will. Soweit der Nachtrag zum Timeout beim READ-Befehl.

Kehren wir zu der Frage zurück, wie man externe Geräte benutzt. Angenommen, wir wollen einen Text mit dem WRITE-Befehl auf einen Drucker ausgeben. Wir haben bereits den OPEN-Befehl ausgeführt und wollen den Drucker jetzt benutzen. Dazu dient der USE-Befehl. Wie üblich bringen wir zuerst einige Schreibweisen:

Beispiele

```
USE "TERM"
U:COND="TRUE" BILD
U:DDEV="OPEN" DEV:PARA
```

Wieder ist TERM der Name eines externen Gerätes. BILD und DEV sind Variablen, die Namen externer Geräte enthalten. USE kann zu U abgekürzt werden. Postconditionalisierung des Befehls ist erlaubt. Wie auch schon beim OPEN-Befehl, gibt es eine Reihe von herstellerspezifischen Erweiterungen des Befehls.

Wir wollen nun an einem kleinen Beispiel die typische Abfolge der Benutzung eines externen Gerätes vorstellen. Vorher möchten wir eine weitere, in diesem Zusammenhang sinnvolle, spezielle Variable einführen, nämlich $IO. Diese Variable gibt immer den Namen des Gerätes an, das aktuell zur Benutzung vorgesehen ist. $IO kann mit $I abgekürzt werden. Ist bisher kein USE-Parameter gesetzt worden, gibt $IO den Namen des Hometerminals. Ein Beispiel mag die Wirkung von USE auf $IO verdeutlichen. DRUCK1 sei der Name eines Druckers, nicht des Hometerminals.

Beispiel

```
?OPEN "DRUCK1" USE "DRUCK1" WRITE $IO
?
```

Der Name des Druckers (DRUCK1) wird auf dem Drucker ausgegeben und nicht auf dem Bildschirm. Wechselt man in einem Programm häufig die externen Geräte, empfiehlt es sich, sich den Namen des Hometerminals zu merken. Dazu besetzt man am Anfang des Programms vor dem ersten USE-Befehl eine Variable mit dem Inhalt von $IO (etwa SET HOME=$IO). Dann kann man sich an folgende generelle Konvention halten: entweder man setzt ein USE grundsätzlich vor jeden Ein- oder Ausgabebefehl oder aber man macht das Hometerminal nach jedem Ein- oder Ausgabebefehl zum aktuellen Ausgabegerät, indem man USE HOME benutzt. Dann erscheinen alle Ausgaben ohne USE-Befehl grundsätzlich auf dem Hometerminal. Hält man sich an diese Konvention, gibt es keine Schwierigkeiten beim gleichzeitigen Öffnen von mehreren externen Geräten.

Die Benutzung eines externen Gerätes erfolgt dann oft auf folgende Art:

Beispiel

```
?O DRUCK U DRUCK D ^BERICHT U HOME W "Bericht fertig"
Bericht fertig
?
```

Man kann jedoch im allgemeinen nur eine begrenzte Anzahl von externen Geräten gleichzeitig offen halten, so daß sich die Frage stellt, wie man ein einmal geöffnetes Gerät wieder schließt. Dazu gibt es den CLOSE-Befehl. Zunächst eine Übersicht über die Schreibweise:

Beispiel

```
CLOSE "DEV"
CLOSE:COND=4 TERM
C:BED=1
C:T=1 TERM:(PARA1:PARA2)
```

CLOSE kann mit C abgekürzt werden. Als Argument wird das zu schließende Gerät angegeben. Für die Namensvergabe und für die Angabe von Geräteparametern gelten dieselben Regeln wie schon für OPEN und USE. Die Postconditionalisierung des Befehls ist erlaubt, nicht aber die der Argumente.

CLOSE gibt es auch in der argumentlosen Form. Es werden dann alle geöffneten externen Geräte geschlossen und $IO hat den Wert des Hometerminals oder ist leer, je nach Art der MUMPS-Implementierung.

3.5 Die Formatierung der Ausgabe

Bis jetzt haben wir uns zwar damit befaßt, wie man Texte bearbeitet und wie man sie auf verschiedene Ausgabegeräte ausgibt. Es fehlt jedoch noch ein wichtiger Punkt: Die Formatierung der Ausgabe. MUMPS stellt auch hier einige hilfreiche Operationen zur Verfügung.

Wenn man die der Textverarbeitung zugrundeliegenden Konzepte betrachtet, stellt man fest, daß hier von drei verschiedenen Einheiten ausgegangen wird: Ein Text unterteilt sich in einzelne Seiten. Jede Seite besteht aus einer bestimmten Anzahl von Zeilen, die ihrerseits wieder aus einzelnen Zeichen bestehen.
Entsprechend dieser Unterteilung bietet auch MUMPS Möglichkeiten des Vorschubs um ganze Seiten, um einzelne Zeilen innerhalb einer Seite und der Positionierung auf eine bestimmte Zeichenposition innerhalb einer Zeile.

Alle diese Operationen sind nicht nur in WRITE-Befehlen zulässig, sondern können auch in READ-Befehlen zur Formatierung der Ausgabe herangezogen werden.
Eines dieser speziellen WRITE-Argumente haben wir schon bei der Besprechung des WRITE-Befehls benutzt. Es ist das Zeichen für den Zeilenvorschub, das Ausrufezeichen (!). Es positioniert auf den Anfang der nächsten Zeile.
In ähnlicher Form werden auch die Steuerzeichen für den Seitenvorschub und für die Positionierung innerhalb einer Zeile angegeben. Ein Vorschub auf den Beginn der nächsten Seite wird mit dem Nummernzeichen (#) erzwungen.
Die Positionierung innerhalb einer Zeile wird durch das Fragezeichen (?) eingeleitet. Dem Fragezeichen muß ein

Ausdruck folgen, dessen ganzzahlige numerische Interpretation die Position innerhalb der laufenden Zeile angibt, auf die positioniert werden soll (Funktion entsprechend einem Tabulator).
Die zur Formatierung dienenden Argumente des READ- und WRITE-Befehls werden in der gleichen Weise wie die sonstigen Argumente angegeben. Jedoch können mehrere Formatierungszeichen ohne trennende Kommata aneinandergekettet werden. Hierbei ist jedoch die Reihenfolge zu beachten, daß zuerst Seitenvorschubszeichen, dann Zeilenvorschubszeichen und dann Tabulierungszeichen erscheinen. Eine andere Reihenfolge wäre schon von der Logik her nicht sinnvoll.

Die folgenden Beispiele sollen die Anwendung verdeutlichen:

Beispiele

```
W #,"NEUE SEITE"
R "EINGABE:",?15,EINGABE
W "DOPPELTER",!!,"VORSCHUB"
R #,"SEITENKOPF",!!!,"HIER EINGABE -->",X
W #!!!?20,"UEBERSCHRIFT",!
R "1. ZEILE : ",?15,Z1,!,"2. ZEILE :",?15,Z2,!
```

Bei der Benutzung des Tabulierungsoperators ist es wichtig zu wissen, das MUMPS der ersten Spalte die Nummer 0 gibt. Daher bewirkt die Angabe von ?1 eine Positionierung in die zweite Spalte.
Das genaue Verhalten der Formatierungsoperatoren läßt sich am besten unter Zuhilfenahme der speziellen Variablen $X und $Y definieren.
Diese Variablen werden ständig vom MUMPS-Interpreter auf dem neuesten Stand gehalten. Ihr Inhalt spiegelt die

Position innerhalb einer Seite wieder, in der das nächste ausgegebene Zeichen geschrieben wird.
Hierbei entspricht der Inhalt von $Y der Nummer der Zeile innerhalb der Seite. Die erste Zeile erhält die Nummer 0, die zweite die Nummer 1 usw. Der Inhalt von $X gibt die Position innerhalb einer Zeile an. Auch hier erhält die erste Spalte die Nummer 0 und die folgenden Spalten werden in aufsteigender Reihenfolge durchnummeriert.
Die beiden speziellen Variablen können an jeder Stelle des MUMPS-Programms abgefragt werden. Ihre Angabe ist überall dort zulässig, wo auch eine normale Variable stehen darf.

Die Wechselwirkung zwischen den Formatierungsbefehlen und $X bzw. $Y stellt sich wie folgt dar.
Der Operator für den Seitenvorschub (#) erzeugt auf dem Drucker einen Vorschub auf den Beginn der nächsten Seite. Auf dem Terminal wird der Bildschirminhalt gelöscht und der Cursor in die linke obere Ecke positioniert. Die Variablen $X und $Y erhalten beide den Wert 0.
Der Zeilenvorschubsoperator (!) erzeugt auf allen Geräten einen Vorschub um eine Zeile. Die Variable $Y wird um eins erhöht, während $X den Wert 0 erhält.
Bei der Positionierung (?) wird zuerst das numerische Argument ausgewertet. Ist der Wert kleiner oder gleich dem Inhalt von $X, so wird die Operation ignoriert (Schreibposition steht schon weiter rechts als die gewünschte Position). Sonst wird die Schreibposition soweit nach rechts gerückt und dabei der Inhalt von $X jeweils um eins erhöht, bis $X gleich dem Wert des Ausdrucks ist. Hierbei wird immer die ganzzahlige Interpretation des Ausdrucks herangezogen.
Bei der Ausgabe eines darstellbaren Zeichens (es gibt auch nicht-darstellbare - siehe später) wird $X um eins erhöht.

Im folgenden sollen noch einige Beispiele angegeben werden. Da die originalgetreue Darstellung der Wirkung des Seitenvorschubs zu viel Platz beanspruchen würde, wollen wir uns damit begnügen, den Seitenvorschub durch die Angabe von <FF> (Formfeed) anzudeuten.

Beispiele

```
?W #!,$Y," ",$X
<FF>

1 2
?F I=1:1:5 W ?$X+3,"!"
   !   !   !   !   !
?W # F I=1:1:3 S X=$X+3 W !?X,X
<FF>

   3
       7
           11
?W "Zum Zeilenunterstreichen" S X=$X W ! F I=1:1:X W "-"
Zum Zeilenunterstreichen
------------------------
?
```

An diesen Beispielen wird deutlich, wie sich die Variablen \$X und \$Y während der Ausführung eines Befehls verhalten. Ihr Wert wird nicht etwa erst nach Ausführung des gesamten Befehls verändert, sondern schon nach der Ausführung des jeweiligen Arguments. Wenn das darauf folgende Argument ausgeführt wird, haben sich die Variablen \$X und \$Y schon verändert.

Das letzte Beispiel zeigt eine einfache Methode, um eine (variabel lange) Zeile zu unterstreichen. Dazu merkt man sich in der Variablen X die Position des letzten gedruckten Zeichens der Zeile vorher und schreibt in einer FOR-Schleife X-mal das Unterstreichungszeichen "-".

3.6 Die Funktion $JUSTIFY

Die oben angegebenen Möglichkeiten zur Formatierung erlauben die genaue Festlegung der Schreibposition auf dem Ausgabegerät. Für eine gut lesbare Ausgabe werden jedoch auch noch Möglichkeiten benötigt, einzelne Datenelemente in ihrer Darstellung zu beeinflussen.
Hierzu gehören die rechtsbündige Ausrichtung von Datenelementen in Feldern und die Formatierung von numerischen Werten.
Diese Operationen werden in MUMPS von der Funktion $JUSTIFY ausgeführt. Die Wirkungsweise dieser Funktion wird von der Anzahl ihrer Parameter gesteuert. Zunächst wollen wir auf den Aufruf mit zwei Parametern eingehen. In diesem Fall wird eine beliebige Zeichenfolge rechtsbündig in ein Feld fester Länge eingetragen. Das soll zunächst einmal anhand von einigen Beispielen erläutert werden.

Beispiele

```
?W $JUSTIFY(3.14,7)
   3.14
?W $J("ZEICHENKETTE",5)
ZEICHENKETTE
?S X="MUMPS",Y=$J(X,7) W Y
  MUMPS
?S BLANK=$J("",20) W BLANK,$L(BLANK)
                    20
?
```

Wie die Beispiele zeigen, läßt sich der Funktionsname zu $J abkürzen. Der erste Parameter enthält das darzustel-

lende Datenelement. Der zweite Parameter gibt die Länge des Feldes an, in dem die Darstellung rechtsbündig erfolgen soll.
$JUSTIFY erzeugt so viele Leerzeichen auf der linken Seite der Zeichenkette, bis die angegebene Feldlänge erreicht ist. Wenn die Zeichenkette länger ist als die angegebene Feldlänge, wird sie nicht abgeschnitten, sondern in ihrer vollen Länge übernommen (siehe 2. Beispiel).
Das dritte Beispiel soll verdeutlichen, daß $JUSTIFY - wie jede andere Funktion auch - nicht nur in Ausgabebefehlen erlaubt ist, sondern in jedem beliebigen Ausdruck.
Das wird im vierten Beispiel für eine etwas zweckentfremdete Benutzung der Funktion ausgenutzt. In der dargestellten Weise lassen sich leicht Zeichenketten erzeugen, die nur Leerzeichen enthalten.

Die drei-parametrige Form von $JUSTIFY kann als Erweiterung der zwei-parametrigen Form angesehen werden. Sie ist für numerische Datenelemente vorgesehen und sorgt für deren Formatierung.
Der dritte Parameter gibt die Anzahl der zu erzeugenden Nachkommastellen an. Falls erforderlich wird der numerische Wert des ersten Arguments gerundet oder mit Dezimalpunkt und Nachkommastellen versehen. Das Ergebnis der Umwandlung wird wie bei der zwei-parametrigen Form rechtsbündig in das Feld eingesetzt.

Auch hier sollen einige Beispiele die Benutzung der Funktion verdeutlichen.

Beispiele

```
?W $J(3.14,7,4)
 3.1400
?W $J(3.14,7,0)
      3
?W $J(20.87,5,1)
 20.9
?W $J(0.5,6,3)
 0.500
?S ZAHL=308.297,RND=$J(ZAHL,0,2) W RND
308.30
?
```

Die Beispiele zeigen noch einige wichtige Verhaltensweisen der $JUSTIFY-Funktion in Sonderfällen. Wenn der dritte Parameter gleich 0 ist, werden keine Nachkommastellen und auch kein Dezimalpunkt erzeugt.
Führende Nullen werden unterdrückt. Jedoch haben Zahlen, deren Betrag kleiner als eins ist, eine Null vor dem Dezimalpunkt.
Im letzten Beispiel wurde die Funktion nur zum Runden - nicht zum rechtsbündigen Ausrichten - benutzt. Von dieser einfachen Rundungsmöglichkeit kann natürlich auch im Laufe von Berechnungen Gebrauch gemacht werden.

3.7 Zeichendarstellung und Konvertierungsfunktionen

Wir haben schon bei der Besprechung der Formatierungsoperationen von nicht-druckbaren Zeichen gesprochen. Was hat es damit auf sich? Um das erklären zu können, wollen wir erst einmal auf den ASCII-Code eingehen.

Da digitale Rechner in ihrem Speicher nur Zahlen darstellen können, wird bei der Abspeicherung von Buchstaben jedem Zeichen des verfügbaren Zeichensatzes eine Zahl zugeordnet, die dieses Zeichen bei der internen Verarbeitung repräsentiert. Diese Zuordnung ist im Prinzip frei wählbar. Jedoch muß man sich auf gleiche Zeichencodes einigen, wenn man Texte oder Programme von einem Rechner zu einem anderen übertragen will.
Ein solcher Code, der international benutzt wird, ist der ASCII-Code, dessen vollständige Zuordnungstabelle im Anhang zu finden ist. Die Sprachdefinition von MUMPS setzt voraus, daß die druckbaren Zeichen im ASCII-Code dargestellt werden. Daher wollen auch wir im weiteren stillschweigend annehmen, daß der ASCII-Code zur Zeichendarstellung benutzt wird.
Die Abspeicherung von Zeichencodes ist nicht mit der Abspeicherung von numerischen Werten, also Zahlen, in MUMPS zu verwechseln. Zahlen werden in MUMPS als Zeichenketten abgespeichert. Jede Ziffer einer Zahl wird dabei durch ihren ASCII-Code repräsentiert. Die Ziffer 0 würde zum Beispiel eine interne Speicherzelle belegen, in der der Wert 48 (Code für das Zeichen "0") abgespeichert ist. Entsprechend würde die Zahl 153 in drei Speicherzellen abgelegt werden, die die Zahlen 49, 53 und 51 enthalten.
Bei der Betrachtung der Zuordnungstabelle im Anhang fällt auf, daß sie 128 Positionen enthält. Für die nor-

malen grafischen Zeichen (siehe Kapitel 1) werden jedoch nur 95 Positionen benötigt. Die restlichen 33 Zeichen stehen für Steuerungsfunktionen zur Verfügung. Mit ihnen können solche Funktionen wie Zeilenvorschub, akustisches Signal oder Löschen des Bildschirmes durchgeführt werden. Diese Positionen in der Tabelle werden nicht-grafische oder nicht-darstellbare Zeichen genannt.
Wenn der Code für ein solches Zeichen auf ein Terminal ausgegeben wird, bewirkt er - abhängig vom Terminaltyp - gar nichts oder eine Zustandsänderung des Terminals. Es wird jedoch kein sichtbares Zeichen auf dem Bildschirm dargestellt.
Da diesen Codes keine darstellbaren Symbole zugeordnet sind, können sie auch nicht in einem Stringliteral angegeben werden. Es werden also andere Möglichkeiten zur Erzeugung dieser Zeichen benötigt.
MUMPS stellt hier besondere Funktionen zur Verfügung, die aus dem ASCII-Code eines Zeichens das Zeichen selbst erzeugen und die ein Zeichen in dessen ASCII-Code umwandeln. Die Funktion heißen $CHAR und $ASCII.

Die Funktion $CHAR (abgekürzt $C) kann ein oder mehrere Argumente haben. Sie erzeugt einen String, bei dem jedes Argument als ASCII-Code eines Zeichens angesehen wird und in dieses Zeichen transformiert wird. Einige Beispiele mögen das verdeutlichen:

Beispiele

```
?WRITE $CHAR(77,85,77),$C(80),$C(83)
MUMPS
?W $C(7)
(Es wird ein akustisches Signal ausgegeben)
```

```
?S VAR="Vorschub auf"_$C(13,10)_"neue Zeile" W VAR
Vorschub auf
neue Zeile
?
```

Die Beispiele verdeutlichen noch einmal, daß mit der $CHAR-Funktion sowohl grafische als auch nicht-grafische Zeichen erzeugt werden können. Wie das dritte Beispiel zeigt, können mit dieser Funktion auch Steuerzeichen in Variablen abgelegt werden.
Werte kleiner als 0 werden in den leeren String abgebildet, während die Reaktion auf Werte, die größer als 127 sind, von der Implementierung abhängt.

Das Gegenstück zu der Funktion $CHAR ist die Funktion $ASCII. Sie wandelt ein Zeichen in seinen ASCII-Code um. Auch hier sollen einige Beispiele angegeben werden.

Beispiele

```
?WRITE $ASCII("K")
75
?W $A("STRING")
83
?W $A("")
-1
?W $A("STRING",3)
82
?W $A("STRING",10)
-1
?W $A(28,2)
56
?W $A($C(122))
122
?
```

Der Name der Funktion $ASCII kann zu $A abgekürzt werden. Es gibt zwei Schreibweisen für den Funktionsaufruf. Bei Aufruf der Funktion mit einem Argument wird das erste Zeichen des Argumentstrings in seinen ASCII-Code umgewandelt. Ist das Argument der leere String, so wird -1 zurückgegeben.
Bei der Schreibweise mit zwei Argumenten wird als zweites Argument angegeben, welches Zeichen des ersten Argumentes umgewandelt werden soll. Auch hier ist das Ergebnis -1, wenn das angegebene Zeichen nicht existiert.
Das vorletzte Beispiel zeigt wieder einmal, daß MUMPS nicht zwischen Zahlen und Zeichenketten unterscheidet, während das letzte Beispiel noch einmal verdeutlicht, daß sich die Funktionen $A und $C gegenseitig aufheben, also zueinander invers sind.

MUMPS kennt auch noch einen zweiten Weg der Umwandlung von Zeichen in den zugehörigen Code und umgekehrt, der sich bei Ein- und Ausgaben verwenden läßt. Zunächst wollen wir die Ausgabe anhand von Beispielen betrachten:

Beispiele

```
?WRITE *65,*66
AB
?S X=$A("A") W *X+32
a
?W "Einfache",*10,"Bildschirmsteuerung"
Einfache
        Bildschirmsteuerung
?
```

Wie die Beispiele zeigen, wird die Umwandlung dadurch erzwungen, daß ein WRITE-Argument mit einem Stern (*)

beginnt. Der Wert des Ausdrucks nach dem Stern wird als ASCII-Code eines Zeichens interpretiert und das Zeichen wird ausgegeben. Also ist in diesem Fall die Schreibweise

```
WRITE *X
```

äquivalent mit der Schreibweise

```
WRITE $CHAR(X)
```

Jedoch ist - insbesondere bei komplizierteren WRITE-Befehlen - die erste Scheibweise einfacher und übersichtlicher anzuwenden.

Auch der READ-Befehl kennt die Schreibweise, bei der ein Argument mit einem Stern eingeleitet wird. Hier wird ein einzelnes Zeichen von dem aktuellen Gerät gelesen und sein ASCII-Code in die dem Stern folgende Variable eingetragen. Auch hier einige Beispiele:

Beispiele

```
READ "JA (J) ODER NEIN (N) ?  ",*JN
R *STATUS,*X,*Y
R *X:5
```

Wie die Beispiele zeigen, sind die 'Stern'-Argumente gleichberechtigt mit anderen Argumenten des READ-Befehls. Für jedes Stern-Argument wird genau ein Zeichen eingelesen und dessen ASCII-Code in die angegebene Variable übertragen.
Auch hier ist die Angabe eines Timeouts erlaubt. Erfolgt keine Eingabe innerhalb der durch den Timeout angegebe-

nen Zeit, wird der Variablen der Wert -1 zugewiesen und $TEST auf 0 gesetzt. Wurde ein Timeout angegeben und eine Eingabe während dieser Zeit gemacht, so wird $TEST auf 1 gesetzt. Wenn kein Timeout angegeben wurde, so wird auch $TEST nicht verändert.

Zum Abschluß des Kapitels wollen wir noch auf eine beispielhafte Anwendung von nicht-druckbaren Zeichen eingehen. Hier bietet sich die absolute Cursorsteuerung von Bildschirmen an. Diese Funktion wird nicht von Standard-MUMPS abgedeckt und muß daher auf Programmebene realisiert werden.
Leider unterscheiden sich die Steuercodes verschiedener Terminaltypen sehr stark. Daher können wir hier nur beispielhafte Befehlssequenzen vorstellen, die je nach Terminaltyp angepaßt werden müssen.

Beispiel

```
¦STEUER ; MODUL ZUR BILDSCHIRMSTEUERUNG
¦LZ ; LOESCHE ZEILENINHALT
¦ W *126,*15 Q
¦LB ; LOESCHE BILDSCHIRMINHALT
¦ W # Q
¦PC ; POSITIONIERE CURSOR AUF (%X,%Y)
¦ W *126,*17,*%X,*%Y Q
¦PIEP ; AKUSTISCHES SIGNAL
¦ W *7 Q
```

Die Funktionen dieses Moduls werden durch Unterprogrammaufrufe (z.B. DO LZ^STEUER) angestoßen. In der Praxis wird die Bildschirmsteuerung aus Laufzeitgründen meistens etwas anders durchgeführt, jedoch bleibt das oben angegebene Prinzip erhalten.

Bei der Verwendung von Sonderzeichen zur Bildschirm- und Druckersteuerung ist besondere Vorsicht geboten, wenn im gleichen Programm die speziellen Variablen $X und $Y verwendet werden sollen.
Der MUMPS-Interpreter kann im allgemeinen nicht erkennen, ob ein Zeichen, das zu einem Peripheriegerät ausgegeben wird, dort dargestellt wird und damit die Zeichenposition ändert oder ob das Zeichen nur zu Steuerungszwecken herangezogen wird. Daher ist zu erwarten, daß $X und $Y nach der Ausgabe eines Steuerzeichens nicht mehr die richtigen Werte enthalten.
Wir empfehlen daher, in einem Programm entweder nur die von MUMPS bereitgestellten Formatierungsoperationen (#, !, ?) in Verbindung mit $X und $Y zu verwenden oder Steuerungsoperationen mit Sonderzeichen durchzuführen und dabei $X und $Y nicht zu verwenden. Auf keinen Fall sollte man sowohl von Sonderzeichen als auch von $X und $Y Gebrauch machen.
Da der Tabulierungsoperator (?) die spezielle Variable $X benutzt, gilt für seinen Gebrauch das gleiche wie für den Gebrauch von $X.

C Die sinnvolle Verwendung von MUMPS

Wir haben bereits im ersten Kapitel davon gesprochen, daß es bis heute keine wirklich universelle Programmiersprache gibt. Jede Sprache ist für bestimmte Aufgabengebiete besser und für andere schlechter geeignet. Diese Feststellung gilt natürlich auch für MUMPS. Um die Entscheidung zu erleichtern, bei welchen Problemen die Sprache sinnvoll eingesetzt werden kann, wollen wir sie im folgenden mit anderen bekannten Programmiersprachen vergleichen und ihre Vor- und Nachteile aufzeigen.

Zunächst zu einem Punkt, der bei der Programmierung in MUMPS sehr schnell auffällt: Die Entwicklung von MUMPS-Programmen ist viel schneller durchzuführen als die Entwicklung von Programmen in einer compilierenden Sprache wie zum Beispiel PASCAL, FORTRAN oder COBOL. Die geringe Entwicklungszeit ist nur vergleichbar mit anderen interpretativen Sprachen wie BASIC oder APL.
Bei interpretativen Sprachen ist im allgemeinen die Suche und Beseitigung von Fehlern sehr viel einfacher durchzuführen als in compilierenden. Änderungen können sofort ausgetestet werden, während zum Beispiel in PASCAL erst eine erneute Compilierung erforderlich wird, was den Test verzögert. Meistens wird sogar noch der Lauf eines 'Linkage Editor' genannten Programms erforderlich, der erst das fertige, ladefähige Objektmodul erstellt.
Diesem offensichtlichen Vorteil von interpretativen Sprachen steht jedoch ein schwerwiegender Nachteil entgegen. Da die Abspeicherung der Programme in der Form

erfolgt, in der sie eingegeben werden, kann ihre Bedeutung erst zur Zeit der Ausführung analysiert werden. Das ist nur mit einem relativ hohen Rechenaufwand möglich.
Das wird besonders deutlich, wenn man die Ausführung einer Programmschleife betrachtet. Bei einer compilierenden Sprache wird zum Zeitpunkt der Compilierung der Quellprogrammtext analysiert und in die Maschinensprache transformiert. Die Ausführung kann nun mit maximaler Geschwindigkeit erfolgen. Im Gegensatz dazu muß bei einem MUMPS-Programm bei jedem Durchlauf der Schleife der Quellprogrammtext neu analysiert werden.
Die Folge dieser Arbeitsweise ist, daß rechenintensive MUMPS-Programme um ein Vielfaches langsamer laufen als die entsprechenden Programme in einer anderen Programmiersprache. Bei einem an der Universitätsklinik Frankfurt durchgeführten Vergleich ergaben sich Unterschiede um die Faktoren 10 bis 50. Im Gegensatz dazu sind bei dialogorientierten Anwendungen die Verzögerungen meistens so gering, daß sie vom Benutzer nicht bemerkt werden. Diese Programme warten sehr oft auf Ein- und Ausgabeoperationen. Daher fällt die reine Verarbeitungszeit im Vergleich zur Gesamtlaufzeit kaum ins Gewicht.

Die interpretative Verarbeitung von MUMPS hat noch zu einer anderen Eigenheit der Sprache geführt: Die abgekürzte Schreibweise von Befehls- und Funktionsnamen. Sie erklärt sich aus dem Wunsch, möglichst viel Programmtext in einem begrenzten Speicherbereich unterzubringen. Ein weiterer Vorteil dieser Schreibweise liegt darin, daß MUMPS-Programme sehr schnell und mit geringem Aufwand am Terminal zu schreiben sind.
Hat man jedoch erst einmal das Programm eingegeben, so kann sich die enge, unübersichtliche Schreibweise nega-

tiv auswirken. Die Programme sind nur noch sehr schlecht lesbar und daher auch nur schlecht wartbar, sofern sie nicht sehr diszipliniert programmiert sind.

Bei einigen großen Anwendern von MUMPS hat man das oben dargestellte Problem auch erkannt und eine Lösung gefunden.
Die Programme werden in gut lesbarer Form mit vielen Kommentaren eingegeben. Zusätzlich existieren Programme, die die gut lesbaren Programmtexte in eine möglichst kompakte Form mit abgekürzten Befehlen und ohne Kommentare komprimieren.
Der Nachteil dieses Verfahrens liegt darin, daß jetzt doch wieder ein Transformationsprogramm notwendig wird, das den ursprünglichen Quelltext eines Programms in eine ausführbare Form überführt. Damit wird natürlich auch wieder die Entwicklungszeit von Programmen verlängert.
Hier wird also ein ursprünglicher Vorteil der Sprache aufgegeben, um einen Nachteil zu kompensieren.

Ähnliche Bemerkungen gelten für den Einsatz von Editoren. Sie werden bei den compilierenden Sprachen zur Eingabe und Veränderung des Quellprogramms benötigt. Interpretative Sprachen wie MUMPS enthalten meistens schon als Sprachelemente die Befehle, die zur Erstellung und Veränderung von Programmen erforderlich sind.
Daher kann bei den meisten MUMPS-Systemen auf den Editor verzichtet werden. Der Benutzer muß auf diese Weise weniger Befehle kennen und die Bedienung des Systems wird entsprechend vereinfacht.
Es hat sich jedoch herausgestellt, daß viele Benutzer auf den Komfort eines Editors nicht verzichten wollen, da die Editoren meistens einen viel größeren Funktionsumfang haben als die in vielen MUMPS-Systemen enthaltenen eher einfachen Editierungsfunktionen.

Aus diesem Grund wurden in viele MUMPS-Systeme zusätzlich noch Editoren aufgenommen. Oft sind sie ihrerseits auch wieder MUMPS-Programme.

Wenn der MUMPS-Interpreter als stand alone System arbeitet, muß er auf der Sprachebene auch die Elemente bereitstellen, die bei den üblichen Betriebssystemen von der sogenannten 'job control language' (JCL) abgedeckt werden.
Da diese Befehle in die Sprache integriert sind, sind sie genauso aufgebaut wie die anderen Befehle der Sprache. Der Benutzer hat es hier nur mit einem einzigen geschlossenen System zu tun, das viel einfacher zu erlernen ist als die vielen verschiedenen Sprachen anderer Rechner.
Jedoch zeigt sich hier eine ähnliche Entwicklung wie bei den Editoren. Die in die Sprache integrierten Steuerungsbefehle bieten nur einen vergleichsweise geringen Komfort. Daher werden spezielle Dienstprogramme erstellt, die den Benutzer bei der Bedienung des Systems unterstützen.
Genau betrachtet wird er damit jedoch auch wieder mit einer JCL konfrontiert, die jetzt aus Aufrufen von Dienstprogrammen besteht.

MUMPS ist eine der wenigen Sprachen, die international standardisiert sind. Das schafft den großen Vorteil, daß MUMPS-Programme, die auf einem beliebigen Rechner entwickelt wurden, auf andere Rechner übertragbar sind.
Leider mußten auch im Standard noch, wie bei allen anderen standardisierten Sprachen auch, bestimmte anlagenspezifische Funktionen und Parameter offengelassen werden. Jedoch geht bei MUMPS die Standardisierung in vieler Hinsicht weiter als bei den anderen Sprachen.

So wurden auch die Funktionen zur Ein/Ausgabe und zur Datenhaltung genau festgelegt.
Es ist vom Sprachkonzept vorgesehen, daß alle Anweisungen zur Ein- oder Ausgabe von Daten geräteunabhängig definiert sind. Daher ist auch hier die leichte Übertragbarkeit von Programmen gewährleistet.
Aber auch bei dieser Befehlsgruppe kann die Standardisierung nur bis zu einem gewissen Grad durchgeführt werden. In MUMPS liegt diese Grenze bei der Beschränkung auf Geräte, die im Zeilenmodus arbeiten, also nur Zeilen nacheinander darstellen können.
Wenn man die Fähigkeiten eines Datensichtgerätes ausnutzen und mit Bildschirmmasken arbeiten will, muß man im MUMPS-Programm selbst die Bildschirmsteuerzeichen festlegen. Damit wird die Verwendbarkeit von Programmen auf bestimmte Sichtgerätetypen eingeschränkt. Hier bleibt es wieder der Disziplin des Programmierers überlassen, die Programme so zu schreiben, daß sie leicht auf eine andere Umgebung umzustellen sind. Gewöhnlich konzentriert man die gerätespezifischen Parameter auf spezielle Ein/Ausgabemodule.

MUMPS besitzt herausragende Textverarbeitungsmöglichkeiten. Das fängt schon damit an, daß der allgemein verwendete Datentyp die Zeichenkette variabler Länge ist. Dann stellt die Sprache spezielle Operatoren zur Textverarbeitung wie Pattern-match, Konkatenation, Folgt-, Enthält-, Such- und Teilstringoperatoren zur Verfügung.
Die Ausrichtung der Sprache zur Textverarbeitung hin wird auch dadurch verdeutlicht, daß es nur grundlegende arithmetische Operatoren gibt. Hier wird deutlich, daß es nie beabsichtigt war, mit der Sprache komplizierte mathematische Probleme zu lösen.

Durch das Variablenkonzept und die $ORDER-Funktion ist ein alphanumerischer Sort gleich in die Sprache integriert. Das macht spezielle aufwendige Sortierprogramme, wie sie in anderen Systemen üblich sind, überflüssig. Vorsicht ist hier nur bei der Verwendung von Zahlen mit führenden Nullen geboten, da sie nicht als Zahlen sondern als Text einsortiert werden.

Das Konzept der Datenhaltung mittels globaler Variablen besticht durch seine Einfachheit und durch seine Kompatibilität mit den lokalen Variablen.
Die konsequente Benutzung von Zeichenketten variabler Länge verspricht eine sehr gute Ausnutzung des zur Verfügung stehenden Speicherplatzes. Aber auch hier ist Vorsicht geboten, da bei bestimmten Anwendungsfällen die in MUMPS üblichen Feldtrennzeichen mehr Platz belegen, als die Benutzung von variablen Feldlängen einsparen kann.
Eine weitere Restriktion der Variablenstruktur besteht in der Länge von Zeichenketten, die nicht über 255 Zeichen hinausgehen darf. Dadurch müssen teilweise mehrere Zeichenketten benutzt werden, wo aus logischer Sicht nur eine einzige erforderlich gewesen wäre.

Leider enthält die Datenhaltungskomponente von MUMPS nur einige Grundfunktionen von Datenbanksystemen. Es ist daher nur sehr schwer möglich, eine Datenbank zu realisieren, die allen Anforderungen an moderne Datenbanksysteme genügt.
Ein Hindernis ist dabei schon die beschränkte Verwendungsmöglichkeit von Sperren. Z.B. ist es nicht möglich, eine Sperre anzufordern, ohne gleichzeitig alle vorher angeforderten Sperren wieder freizugeben.
Es gibt außerdem kein Sprachmittel, um zu gewährleisten, daß Änderungen, die parallel in mehreren Globals gemacht

werden, entweder komplett oder überhaupt nicht ausgeführt werden. Wenn während der Änderungen der Rechner oder das Programm ausfällt, werden sie in manchen Globals schon durchgeführt sein, während andere Globals noch ihren alten Inhalt haben (Stichwort: Transaktionskonzept).
Bei dieser Kritik sollte man jedoch bedenken, daß in den wenigsten Programmiersprachen eine Datenhaltungskomponente integriert ist.

Eine weitere Eigenart von MUMPS, die die Sprache sehr stark von anderen üblichen Sprachen unterscheidet, ist die Verwendung nur eines einzigen Datentyps.
Damit kann darauf verzichtet werden, wie in den meisten compilierenden Sprachen jeder Variablen genau einen Datentyp zuzuweisen. In MUMPS kann jede Variable in beliebiger Weise interpretiert werden. Die jeweilige Betrachtungsweise hängt nur von dem Kontext ab, in dem die Variable verwendet wird.
Aber auch dieses Konzept bietet nicht nur Vorteile. Eine Sprache mit strenger Typbindung fordert von jeder Variablen, die verwendet werden soll, daß sie vorher genau deklariert wird. Daher können Fehler, die durch falsches Schreiben eines Variablennamens oder durch Verwendung einer Variablen an falscher Stelle entstehen, automatisch erkannt und an den Programmierer gemeldet werden.
Dagegen erlaubt MUMPS die Verwendung von Variablen ohne vorhergehende Deklaration. Wenn jetzt der Name einer Variablen falsch geschrieben wird oder in falschem Zusammenhang gebraucht wird, besteht für den Interpreter keine Möglichkeit, diesen Fehler zu erkennen.

Ähnliche Überraschungen kann man erleben, wenn man die in der Sprache vorgesehenen Möglichkeiten zur Selbst-

modifikation von Programmen ausnutzt. Hier können datenabhängige Fehler zur Laufzeit auftreten, die nur sehr schwer zu finden sind.
Solche Programme sind in den meisten Fällen schwer zu überschauen und daher auch schwer wartbar. Andererseits können diese Sprachelemente in der Hand erfahrener Programmierer wertvolle Hilfsmittel sein.

MUMPS bietet durch das einfache Konzept des globalen Unterprogrammaufrufs (oder, was weniger empfehlenswert ist, des globalen GOTO) die Möglichkeit, auch auf kleinen Rechnern fast beliebig große Programmsysteme zu schaffen.
Es ist ohne Schwierigkeiten möglich, von einem Programmsystem ein anderes als Unterprogramm aufzurufen. Daher lassen sich in MUMPS sehr gut einzelne standardisierte Programmpakete entwickeln, die später je nach Bedarf zu größeren Systemen kombiniert werden können.

Zusammenfassend läßt sich sagen, daß die Verwendung von MUMPS überall dort sinnvoll ist, wo mit vergleichsweise geringem Aufwand Anwendungen aufgebaut werden sollen, die zwar hohe Ansprüche an Datenhaltung und Datenmanipulation stellen, bei denen es jedoch nicht auf höchste Schnelligkeit der Programmausführung ankommt. Die Sprache eignet sich einerseits durch ihre kompakte Struktur für kleine Programmsysteme, die innerhalb kurzer Zeit erstellt werden. Andererseits erlaubt der große standardisierte Funktionsumfang auch den Aufbau größerer Anwendungen mit langer Lebensdauer, wenn man auf eine gute Strukturierung und sorgfältige Dokumentation der Programme achtet.

4. Die Struktur der Variablen

4.1 Indizierte Variablen

Es ist gelegentlich sinnvoll, eine Anzahl von verwandten Variablen in einer einzigen neuen Variablen zusammenzufassen. Man nennt diese Variable eine 'indizierte' Variable, weil der Index den Inhalt der einzelnen Teile der Variablen spezifiziert. Beispielsweise habe man die drei Variablen M, T, A mit dem jeweiligen Inhalt "Morgen", "Tag" und "Abend". Um sie unter einem einheitlichen Namen (etwa T) anzusprechen, schreibt man T(1)="Morgen", T(2)="Tag" und T(3)="Abend". Das Konzept der indizierten Variablen ist in vielen anderen Programmiersprachen geläufig und hat in MUMPS eine weitreichende Bedeutung.

Es können mehrere durch Kommata getrennte Indizes verwendet werden. Die Anzahl ist insofern begrenzt, als die Länge aller ausgewerteten Indizes plus die Anzahl der Indizes plus die Länge des Namens der Variablen 63 Zeichen nicht übersteigen darf. Der einzelne Index besteht aus einem allgemeinen Ausdruck, kann also beispielsweise ein Stringliteral ("NAME"), ein numerisches Literal (234), eine gewöhnliohe (XZY) oder eine (auch mehrmals) indizierte Variable (X(V(5))), sowie schließlich eine Funktion ($L) sein. Nicht erlaubt ist die Verwendung des Leerstrings als Index. Für den Aufbau der Namen gilt das bei den nichtindizierten Variablen Gesagte entsprechend. Einige Beispiele verdeutlichen den Aufbau indizierter Variablen:

```
A(1)     A(1,2,3,4)    NAME(X)     NAME(X,2)  NAME(X(2))
NAME(NAME(NAME(9)))    NAME("Name","Vorname")
ORT("D-6000 Ffm")      ZAHL(1.5E3)          L($LENGTH(Y))
```

Aus Gründen der Übertragbarkeit von Programmen sollte man noch folgendes beachten: Die Länge eines Index sollte 31 Zeichen nicht übersteigen. Der Index selbst sollte aus der Menge des grafischen Zeichensatzes bestehen. Bei numerischen Indizes sollten nur Zahlen benutzt werden, deren Länge 9 Ziffern nicht übersteigt.

Bei Benutzung von indizierten Variablen ergibt sich eine Reihe von Vorteilen, insbesondere in Verbindung mit dem FOR-Befehl. Wollte man etwa 10 Werte über den Bildschirm einlesen, so ist folgender MUMPS-Code sehr vorteilhaft:

Beispiel

```
?FOR I=1:1:10 READ !,"Eingabe: ",R(I)
?
```

In R(1) bis R(10) stände dann der jeweils eingelesene Wert. Auch bei der Ausgabe von Text kann eine solche Konstruktion hilfreich sein. Die Variable T(I) enthalte die oben angegebenen Werte.

Beispiel

```
?FOR I=1:1:3 WRITE "Guten ",T(I),!
Guten Morgen
Guten Tag
Guten Abend
?
```

Für die bisher betrachteten (nichtindizierten) und die indizierten Variablen zusammen verwendet man in MUMPS den Namen 'lokale' Variable.

4.2 Verschiedene Interpretationen der Datenstruktur

Es gibt zwei grundsätzliche Interpretationsmöglichkeiten der in MUMPS verwendeten Datenstruktur: als Feldstruktur oder als Baumstruktur. Wir wollen auf beide in diesem Abschnitt eingehen und dabei die begrifflichen Unterschiede aufzeigen.

Angenommen, es werden drei Merkmale von Patienten ermittelt: die Körpergröße (in [cm]), das Körpergewicht (in [kp]), sowie das Alter (in Jahren). Es erscheint sinnvoll, die Werte in einer Tabellenform zusammenzustellen.

Patient Nr.	Koerper-groesse	Gewicht	Alter
1	175	92	36
2	163	51	57
3	180	82	28
4	140	45	12

Man nennt eine solche Anordnung ein (zweidimensionales) Feld. In den Zeilen stehen jeweils die Ausprägungen eines Patienten, während in den Spalten die Merkmale aller untersuchten Patienten zu finden sind. Man kann die auf diese Art erhobenen Daten in einer indizierten Variable (etwa PAT(I,J)) unterbringen. Dabei steht der erste Index I für den i-ten Patienten, der Index J für die Merkmale. In PAT(2,2) steht das Gewicht des 2. Patienten, in PAT(4,3) das Alter des 4. Patienten.

In den wichtigsten höheren Programmiersprachen findet man dieses Konzept. Gewöhnlich muß man dem Programm noch mitteilen, wie groß das Feld maximal werden kann, d.h. wieviele Patienten man maximal untersuchen oder wieviele Ausprägungen man höchstens betrachten möchte. Man nennt diesen Vorgang Dimensionieren eines Feldes und die Wirkung besteht im Reservieren von Speicherplatz. Wichtig ist dabei zu wissen, daß der Speicherplatz auch dann reserviert wird, wenn er aktuell gar nicht voll ausgeschöpft wird.
Anders in MUMPS. Das Dimensionieren entfällt komplett, es wird tatsächlich nur so viel Platz verbraucht, wie aktuell benutzt wird. Nur diejenigen Elemente belegen Speicherplatz, denen ein Wert zugewiesen wurde. Man spricht in MUMPS deshalb von der 'gestreuten' Speicherung der Felder (engl. sparse array).
Übrigens wird in anderen Sprachen die Variable selbst noch deklariert, mit anderen Worten, es wird angegeben, um welchen Datentyp es sich handelt, eine Maßnahme, die in MUMPS überflüssig ist, weil MUMPS nur einen Datentyp kennt.

Ein etwas anderes Interpretationsmuster ergibt sich bei der Betrachtung einer 'hierarchischen' Datenstruktur. Am besten macht man sich die Abspeicherungsform am Bild eines Baumes klar, eines Baumes, der sich im Wasser spiegelt, wo also der Stamm nach oben und die Äste nach unten zeigen. Als Beispiel wollen wir die lokale Variable A betrachten, die sowohl ohne Index, als auch mit einem und mit zwei Indizes vorkommen soll. Der Stern unter jedem Element gibt an, ob es einen Wert hat.

```
                              A
                              *
          +-------------------+-------------------+
          |                   |                   |
         A(1)                A(Z)              A("IN")
          *                                       *
    +-----+------+         +-------+         +----------+
    |     |      |         |       |         |          |
A(1,3) A(1,7) A(1,9) A(Z,1) A(Z,"W") A("IN",3) A("IN",9)
    *     *      *         *       *         *          *
```

Man beachte noch, daß Z eine Variable ist.
A bezeichnet man als die Wurzel des Baumes. Die Äste des Baumes verbinden die als Knoten bezeichneten Teile der indizierten Variablen wie A, A(1) oder A(1,3). An A(Z) sieht man, daß Knoten Werte enthalten können, es aber nicht müssen. Von A sagt man, es stehe auf der 0. (Index-) Stufe, während A(1) und A("IN") auf der 1.Stufe und die zweifach indizierten Variablen auf der zweiten stehen. A(1) und A("IN") bezeichnet man als Vorgänger der zweifach indizierten Variablen A(1,*) und A("IN",*). Entsprechend sagt man von den zweifach indizierten Variablen, sie seien Nachfolger der einfach indizierten Variablen.

Um eine Fehlermeldung zu vermeiden, die beim Ansprechen von nichtdefinierten Variablen auftreten kann, muß man wissen, ob eine Variable existiert, bevor man mit ihr arbeitet. MUMPS stellt dazu zwei Funktionen zur Verfügung, die es erlauben, eine Baumstruktur zu analysieren.

4.3 Die Analyse der Struktur

Wie wir weiter oben dargestellt haben, werden in MUMPS nur die Elemente von Feldern bzw. nur die Teile von Bäumen abgespeichert, denen explizit ein Wert zugewiesen wurde.
Wenn man nun Programme schreiben will, die auf diesen gestreuten Datenstrukturen operieren, wird man oft vor die Aufgabe gestellt, zu entscheiden, ob ein bestimmter Knoten eines Baumes existiert. Hier können verschiedene Fälle auftreten. Daher muß es unabhängig voneinander möglich sein, festzustellen, ob ein Knoten Nachfolger hat bzw. ob er Daten enthält.

Diese Entscheidung kann mit der Funktion $DATA getroffen werden. Wir wollen sie zunächst summarisch vorstellen und uns dabei die lokale Variable A aus dem letzten Abschnitt als definiert denken:

Beispiel

```
?W $DATA(A)
11
?W $DATA(A(Z))
10
?W $DATA(A("IN",22))
1
?W $D(A(1,2,3))
0
?
```

Das Argument der Funktion $DATA ist stets eine Variable, die indiziert sein kann, aber nicht muß. $DATA kann mit

$D abgekürzt werden. Der Wertevorrat der Funktion sind die Zahlen 0, 1, 10, 11. Existiert die als Argument angegebene Variable nicht, so ist das Ergebnis eine 0 (letztes Beispiel). Existiert die Variable und hat Nachfolger auf einer tieferen Stufe, wird eine 11 als Ergebnis geliefert (1. Beispiel). Hat hingegen ein Knoten keinen Wert, aber Nachfolger, dann hat $DATA den Wert 10. Diese Situation war bei der lokalen Variablen A gegeben, als kein Wert von A(Z), aber sowohl A(Z,1), als auch A(Z,"W") definiert waren. $DATA hat schließlich noch den Wert 1, falls der angebene Index, aber keine Nachfolger existieren.

Wir wollen den Sachverhalt an einer Tabelle verdeutlichen:

Übersicht über $DATA

Wert einer \ lok. Variable \	hat Nachfolger	hat keine Nachfolger
existiert	$D ist 11	$D ist 1
existiert nicht	$D ist 10	$D ist 0

Man kann sich die Funktionsweise von $DATA auch anders merken: die Einerstelle gibt an, ob die Variable Daten enthält (Einerstelle gleich 1), oder nicht (Einerstelle gleich 0). Entsprechendes gilt für die Zehnerstelle. Sie gibt über die Existenz eines Nachfolgers Auskunft, wobei man noch beachten muß, daß die Zahldarstellung in MUMPS führende Nullen unterdrückt und daher die Null in der Zehnerstelle nicht dargestellt wird.

Abschließend wollen wir noch zwei Programmiererleichterungen angeben. Angenommen man möchte wissen, ob ein Knoten existiert. Der obigen Tabelle entnehmen wir die beiden Möglichkeiten $D ist 1 oder $D ist 11. Anstatt der logischen Abfrage

```
I $D(VAR)=1!($D(VAR)=11)
```

schreibt man besser

```
I $D(VAR)#10 ,
```

denn die Restdivision von 1 und 11 durch 10 ergibt stets 1. Ebenso verfährt man, wenn man wissen möchte, ob ein Knoten einen Nachfolger hat. Das ist genau dann der Fall, wenn $DATA den Wert 10 oder 11 hat. Anstatt der Abfrage

```
I $D(VAR)'<10
```

schreibt man effizienter

```
I $D(VAR)\10 ,
```

denn die Ganzzahldivision von 10 und 11 durch 10 ist immer 1.

4.4 Löschen von Variablen

Das natürliche Gegenstück des SET-Befehls ist der KILL-Befehl. Durch ihn wird man in die Lage versetzt, aus der Gruppe der definierten lokalen Variablen einzelne (oder alle) zu entfernen. Es ist sogar möglich, mit dem KILL-Befehl Teile von indizierten Variablen zu löschen. Wir wollen uns in diesem Abschnitt mit den verschiedenen Ausprägungen dieses Befehls vertraut machen und vermerken zunächst einige Schreibweisen:

Beispiel

```
KILL A
KILL XZY,D,OFF
KILL C,D(2,3),D("WEG")
KILL
KILL (K,L,DEF)
K:COND="TRUE" (A)
```

Der KILL-Befehl kann mit K abgekürzt werden. Das Argument des Befehls ist stets der Name einer Variablen. Postconditionalisierung des Befehls ist erlaubt. Es gibt den Befehl in drei verschiedenen Formen.
KILL A bedeutet, daß die Variable A mit allen Nachfolgern aus der Liste der definierten Variablen entfernt wird. War diese Variable nicht definiert, hat der KILL-Befehl keine weiteren Auswirkungen.
KILL ohne Argument bedeutet, daß alle lokalen Variablen ohne Ausnahme gelöscht werden.
In der dritten Form des KILL-Befehls werden Klammern benutzt, um mitzuteilen, welche Variablen nicht gelöscht werden sollen. KILL (K,L,DEF) heißt also, lösche alle Variablen bis auf K, L, DEF.

Im Unterschied dazu betrachte man den SET-Befehl mit SET (A,B,C)=0. Hier wird den Variablen A,B,C jeweils der Wert 0 zugewiesen.

Der Vorteil des KILL-Befehls wird besonders einsichtig, wenn man sich vor Augen hält, daß in jedem MUMPS-System der Speicherplatz, der zur Abspeicherung von Variablen zur Verfügung steht, begrenzt ist. Durch das Löschen einer Variablen wird der von ihr belegte Speicherplatz wieder frei. Wir empfehlen generell, Variablen dann zu löschen, wenn sie in der weiteren Programmausführung nicht mehr benötigt werden. Im übrigen zeugt es von einem guten Programmierstil, wenn alle Variablen, die in einem Programm oder Unterprogramm für interne Zwecke benutzt werden, an dessen Ende wieder gelöscht werden.

Wie aber kann man feststellen, wieviel Speicherplatz man noch belegen kann? Dazu gibt es die spezielle Variable $STORAGE. Sie gibt die Anzahl der noch nicht benutzten Zeichen im MUMPS-System an. Ihre Abkürzung ist $S.
Der Wert von $S ist natürlich im hohen Maße abhängig vom verwendeten MUMPS-System. Es ist außerdem abhängig von der aktuellen Programmgröße und dem Zwischenspeicher, in dem programmbegleitende Information gespeichert wird.

Beispiel

```
D:$STORAGE<100 ^LOESCH
```

In diesem Beispiel wird zur Routine ^LOESCH verzweigt, falls die Größe des zur Verfügung stehenden Platzes kleiner als 100 Zeichen ist. In ^LOESCH könnten dann einige KILLs ausgeführt werden.

Wir hatten schon kurz angedeutet, daß mit KILL Teile von indizierten Variablen gelöscht werden können. Dazu betrachten wir noch einmal die indizierte Variable A aus dem Abschnitt 4.2. KILL A hätte zur Folge, daß A und sämtliche Nachfolger von A gelöscht werden. Ein KILL A(1) indessen würde nur A(1) und die Nachfolger von A(1) löschen, das sind A(1,3), A(1,7) und A(1,9). Die anderen Teile der Datenhierarchie bleiben vom KILL unberührt und sind nach wie vor definiert. Ebenso hat ein KILL A(1,3) keine Auswirkungen auf A(1) und auch keine auf die Elemente auf derselben Stufe, also A(1,7) und A(1,9).
Beim KILL-Befehl in der Ausschlußform (KILLe alle bis auf) sind indizierte Variablen nicht erlaubt. Stattdessen muß man den Namen der Variablen ohne Indizes angeben.

Der KILL-Befehl nimmt selbstverständlich Einfluß auf den Wert von $DATA. Ein Beispiel mag das verdeutlichen:

Beispiel

```
?S A(1)=1,A(1,2)=2 W $D(A(1))
11
?KILL A(1,2) W $D(A(1))
1
?
```

4.5 Ordnung und Ordnungsfunktionen

Mit $DATA war uns ein Mittel an die Hand gegeben, in einer hierarchischen Datenstruktur (Baumstruktur) die Existenz eines Knotens oder die Existenz von Nachfolgern auf einer tieferen Indexstufe zu bestimmen. Nachdem man aber festgestellt hat, daß Nachfolger existieren, möchte man diese bestimmen, also den Index erhalten. Betrachten wir wieder die lokale Variable A aus Abschnitt 4.2. $DATA von A(1) ergibt 11, d.h. der Knoten A(1) existiert und hat Nachfolger. Welche sind das aber? In dieser Frage hilft uns die Funktion $ORDER. Wir wollen die damals angekündigte 2. Strukturanalysefunktion in diesem Abschnitt besprechen.

$ORDER gibt uns auf einer gewissen Indexstufe der 'Reihe' nach alle vorkommenden Indizes, wobei die Anführungszeichen zu Recht stehen, denn eine solche Reihenfolge wurde bisher nicht definiert. Ehe wir also auf $ORDER näher eingehen, wollen wir diese Reihenfolge erklären.
Angenommen die lokale Variable Z habe auf der 1. Indexstufe folgende Werte:

```
Z(-0.1)="a"   Z(0)="b"   Z(" ")="c"   Z(".")="d"
Z("a")="e"    Z(123.7)="f"  Z("AAA")="g"  Z("A")="h"  .
```

Dann speichert MUMPS diese Variable nach folgenden Regeln intern ab: zuerst kommen die negativen Indizes, angefangen von minus Unendlich, gefolgt von der Null und den positiven Zahlen bis plus Unendlich. Danach folgen die Zeichen in der ASCII-Sortierordnung (siehe Anhang). Demnach steht " " (ASCII-Wert gleich 32) vor "." (ASCII-Wert gleich 46) oder "A" (ASCII-Wert gleich 65) vor "a" (ASCII-Wert gleich 97).

Stehen Zeichenketten zur Sortierung, steht die lexikografisch kleinere vor der lexikografisch größeren (also "ABCD" vor "ABCE"). Zum Begriff lexikografisch verweisen wir auf Abschnitt 3.3. Übrigens steht der leere String ("") in der Sortierordnung vor allen anderen Zeichenketten, ist aber nicht als Index erlaubt. Die Variable Z hat also folgende Sortierung:

```
Z(-0.1)="a"
Z(0)="b"
Z(123.7)="f"
Z(" ")="c"
Z(".")="d"
Z("A")="h"
Z("AAA")="g" .
Z("a")="e"
```

Jetzt wird das Ergebnis der $ORDER-Funktion verständlich. Sie liefert uns auf einer Indexstufe jeweils den nächsten Index, wenn die lokale Variable mit dem vorhergehenden Index als Argument übergeben wird. $ORDER wird mit $O abgekürzt. Einige Beispiele mit der oben definierten lokalen Variable Z machen das Konzept klarer:

Beispiel

```
?W $ORDER(Z(-0.1))
0
?W $ORDER(Z(0))
123.7
?W $ORDER(Z(123.7))

?W $LENGTH($O(Z("a")))
0
?
```

Mit der $ORDER-Funktion kann man sich gewissermaßen durch eine Indexstufe durcharbeiten und bekommt nacheinander alle Indizes in der oben angegebenen Reihenfolge. Ist man schließlich am letzten definierten Index angekommen, ist das Ergebnis ein Leerstring (letztes Beispiel). Es bleibt noch offen, wie man den ersten Index einer lokalen Variablen erhält. Da wir aber wissen, daß der Leerstring vor allen anderen Zeichenketten steht, übergibt man $ORDER die betreffende Variable mit dem Leerstring anstelle eines Index.

Beispiel

```
?W $ORDER(Z(""))
-0.1
?
```

Freilich ist der Einstieg auch mit nicht existierenden anderen Indizes möglich. In unserem Beispiel etwa würde die Befehlszeile W $O(Z(20)) als Ergebnis 123.7 liefern. Mit derselben Vorgehensweise gelingt es, die Indizes einer lokalen Variablen in den verschiedenen Indexstufen zu ermitteln. Wir wollen das exemplarisch an der Variablen Z demonstrieren. Dazu nehmen wir noch an, daß 2 weitere Werte auf der Stufe 2 und 3 definiert sind, nämlich Z(-0.1,"A")=1 und Z(-0.1,"A","B")=2.

Beispiel

```
?W $O(Z(""))
-0.1
?W $O(Z(-0.1,""))
A
?W $O(Z(-0.1,"A",""))
B
```

```
?W $O(Z(-0.1,"A","B","")
(Leerstring)
?
```

Der Leerstring im letzten Beispiel zeigt an, daß keine Knoten auf einer tieferen Indexstufe existieren.
Somit ist es mit $ORDER möglich, sowohl horizontal eine hierarchische Datenstruktur durchzugehen, als auch im Baum abzusteigen, das heißt alle nachfolgenden Knoten eines gegebenen Index zu bestimmen. $ORDER liefert aber auch einen Wert, wenn der Wert eines Knotens überhaupt nicht definiert ist, aber Nachfolger von ihm. Ein Beispiel beleuchtet diesen Sachverhalt:

Beispiel

```
?S B(1)=1,B(2,1)=2,B(3)=3
?W $O(B(1))
2
?
```

Auf der 1. Indexstufe existieren 2 Werte, nämlich B(1) und B(3). B(2) hat keinen Wert. $O(B(1)) liefert trotzdem 2, weil B(2,1) definiert ist und daher $DATA(B(2)) größer als Null ist.

4.6 Globale Variablen

Wir haben bisher den Begriff einer lokalen Variablen eingeführt als Zusammenfassung der indizierten und nichtindizierten Variablen. Darüber hinaus haben wir die Datenstruktur und die in diesem Zusammenhang wichtigen Funktionen $DATA und $ORDER behandelt. Mit dem KILL-Befehl wurde eine Möglichkeit beschrieben, lokale Variablen zu löschen. Eine andere Möglichkeit, lokale Variablen zu löschen, bestände ja in der Möglichkeit, eine MUMPS-Sitzung mit HALT zu beenden.
Tatsächlich ist die Lebensdauer einer lokalen Variablen begrenzt: Sobald man sich aus dem MUMPS-System ausgeschaltet hat und auf die Betriebssystemebene zurückgekehrt ist, sind die lokalen Variablen gelöscht.

Bei den meisten Programmieranwendungen müssen aber Daten über eine Sitzung hinaus verfügbar sein. Sie sollen auf Dauer abgespeichert werden und nur durch ein explizites KILL gelöscht werden können. Variablen in MUMPS, die diesen Anspruch erfüllen, heißen globale Variablen. Globale Variablen erkennt man an der Anwesenheit eines besonderen Symbols vor dem eigentlichen Variablennamen: dem Zirkumflex (^), das uns ja auch schon an anderer Stelle begegnet ist. Globale Variable sind in jeder Hinsicht (bis auf wenige Ausnahmen) so zu behandeln wie lokale. Sie haben den gleichen Namensaufbau, sie können indiziert sein, müssen es aber nicht. Sie liefern dieselben Ergebnisse bei Anwendung von $ORDER und $DATA.
Richtige Namen von globalen Variablen sind:

```
^A    ^VAR    ^VAR(I)     ^%     ^%IO    ^%(IND)
^NAME(^Z(I),"WERT")       ^%(^%)
```

Globale Variablen sind darüber hinaus von verschiedenen MUMPS-Programmen gleichzeitig sichtbar. Wir wollen auf die damit verbundenen Möglichkeiten genauer in Abschnitt 4.8 eingehen.
Globale Variablen werden durch einen SET-Befehl definiert.

Beispiel

```
S ^MEDI(1,"ARZNEI")=MENGE_"\"_DOSIS
```

Wie gesagt, sind sie in ihrer Definition den lokalen gleichwertig. Aber es gibt Unterschiede in ihrer Verwendung. Wir wollen die Unterschiede summarisch darstellen.
Es ist nicht erlaubt, eine globale Variable

(1) als Argument eines READ-Befehls,

(2) als Laufvariable in einem FOR-Befehl und

(3) als Argument eines KILL-Befehls in der Klammerform

zu benutzen.
Diese Form der Abspeicherung von Daten in MUMPS stellt eine bedeutende Vereinfachung gegenüber anderen Programmiersprachen dar. Dieses Konzept der permanenten Speicherung zusammen mit den bereits vorgestellten Datenordnungsfunktionen macht MUMPS zu einem kompletten, universell und leicht einsetzbaren Datenhaltungssystem, das andere Programmiersprachen in dieser Form nicht zu bieten haben.

4.7 Naked Reference

MUMPS kennt für den Zugriff auf globale Variablen nicht nur die oben angegebene, sondern auch noch eine andere, abgekürzte Schreibweise, die sogenannte 'naked reference'.
Hier wird nicht der Name einer Variablen mit allen Indizes angegeben, sondern man bezieht sich auf den letzten angesprochenen Knoten einer globalen Variablen. Diese etwas abstrakte Beschreibung wollen wir zunächst an einigen Beispielen erläutern.

Beispiele

```
?S ^A(1)=22 WRITE ^(1)
22
?S ^(1,"A")="HALLO" W ^("A")
HALLO
?S ^("B")="DATEN VON B" W ^A(1,"B")
DATEN VON B
?
```

Die Wirkung der 'naked reference' läßt sich am besten verstehen, wenn man sich vorstellt, daß jeder Befehl (bis auf eine Ausnahme, auf die wir später noch eingehen werden), der sich auf einen Knoten einer globalen Variablen bezieht, einen als 'naked indicator' bezeichneten Zeiger verändert.
Dieser 'naked indicator' zeigt jeweils auf den Vorgänger in der Baumstruktur der letzten angesprochenen Variablen. Wenn man Nachfolger (mittelbare und unmittelbare) des Knotens, auf den verwiesen wird, ansprechen will, kann man sich der 'naked reference' bedienen.

Bei dieser Schreibweise gibt man das Globalzeichen ohne folgenden Namen an, um die Verwendung des 'naked indicator' zu verdeutlichen. Das Globalzeichen wird gefolgt von einem oder mehreren Indizes, die in Klammern eingeschlossen sind. Die Indizes werden jetzt nur noch für die Indexstufen angegeben, die durch den 'naked indicator' noch nicht festgelegt sind.
Bei dem oben angegebenen Beispiel setzt der erste SET-Befehl den 'naked indicator' auf ^A. Der nachfolgende WRITE-Befehl gibt einen Index an und führt damit auf die erste dem nicht indizierten Namen folgende Indexebene. Er läßt den 'naked indicator' unverändert.
Im folgenden SET-Befehl sind zwei Indizes angegeben. Daher führt dieser Befehl auf die zweite Indexebene und es wird das Element ^A(1,"A") verändert. Der 'naked indicator' zeigt jetzt auf den Vorgänger dieses Knotens, also auf ^A(1). Daher darf die 1 nicht mehr in dem folgenden WRITE-Befehl erscheinen.
In der folgenden Zuweisung wird der Nachfolger des Knotens ^A(1) angesprochen, der den Index "B" hat. Das ist, wie der nachfolgende WRITE-Befehl bestätigt, das Element ^A(1,"B")

Nach der Erklärung der Wirkungsweise der 'naked reference' wollen wir noch auf einige Besonderheiten bei ihrer Benutzung eingehen.
Zuerst sei noch einmal erwähnt, daß es nur einen 'naked indicator' für jedes MUMPS-Programm gibt. Daher kann zu einer Zeit natürlich auch nur ein Global mit 'naked reference' angesprochen werden.
Weiterhin kann man sich bei der Betrachtung dieser doch recht unübersichtlichen Zugriffsmöglichkeit auf Variablen nach dem Sinn und der Berechtigung einer solchen Konstruktion fragen.

Sie erklärt sich zum Teil aus der Geschichte der Sprache, da in früheren Implementierungen die Laufzeit mancher Programme durch die Verwendung der 'naked reference' sehr stark verringert werden konnte.
Ein anderer Grund ist, daß sich allgemeingültige Operationen auf Globals entwickeln lassen, die unabhängig vom Namen des Globals und von seiner Baumstruktur sind (siehe dazu das Beispiel zur Global-Strukturanalyse am Ende dieses Kapitels).

Hier sei noch erwähnt, daß natürlich auch die Funktion $ORDER mit 'naked reference' verwendet werden kann. Hier entspricht, für den Fall, daß X die Laufvariable auf der laufenden Indexstufe ist, der Funktionsaufruf $ORDER(^(X)) dem Fortschreiten auf der laufenden Indexstufe, während $ORDER(^(X,"")) einen Abstieg um eine Indexstufe bedeutet. Eine Anwendung dieser einfachen Schreibweise ist am Ende dieses Kapitels zu finden.

Zum Abschluß der Betrachtungen über die 'naked reference' wollen wir noch einmal auf die Gefahr hinweisen, die in ihrer Verwendung liegt.
Lesbarkeit und Wartungsfreundlichkeit werden sehr stark eingeschränkt, da man schon bei kleinen Programmen nach kurzer Zeit den Überblick verliert, an welcher Stelle des Programms der 'naked indicator' auf welchen Globalknoten zeigt.
Daher geht man bei jeder Einfügung einer Globalreferenz das Risiko ein, den 'naked indicator' zu verändern, obwohl vielleicht in einem später aufgerufenen Programmteil Annahmen über seine Stellung gemacht werden, die durch die Änderung nicht mehr zutreffen. Das gilt um so mehr, je freizügiger man mit GOTO's umgeht.
Daher sollte die 'naked reference' immer nur in engem Zusammenhang (sowohl räumlich als auch logisch) mit

einer voll indizierten Referenz auf einen Globalknoten benutzt werden.
Diese Empfehlung ist um so leichter zu befolgen, da in modernen Systemen die Verwendung der 'naked reference' keine Laufzeitvorteile mehr bringt.

4.8 Das Sperren von Variablen

Die Verwendung von globalen Variablen ermöglichte es, Daten auf Dauer aufzubewahren. Tatsächlich erfüllen globale Variable noch einen anderen Zweck, auf den wir jetzt kurz zu sprechen kommen wollen.

Wir haben schon verschiedentlich angedeutet, daß MUMPS eine für einen Multi-User-Betrieb ausgelegte Sprache ist. Darunter versteht man die Möglichkeit, daß eine gewisse (meist nicht allzu große) Anzahl von MUMPS-Programmen gleichzeitig ausgeführt werden kann.
Jedes dieser Programme hat seinen eigenen lokalen Speicherplatz, in dem unter anderem die lokalen Variablen gespeichert werden. Eine Kommunikation zwischen den Programmen ist nicht direkt möglich, sondern nur über den sogenannten Systemspeicher, in dem neben anderen Daten die globalen Variablen gespeichert sind. Das bedeutet, daß globale Variablen zur Kommunikation zwischen den einzelnen MUMPS-Prozessen benutzt werden können.

Ein solcher Sachverhalt liegt im folgenden Beispiel vor. Angenommen eine gewisse Anzahl von MUMPS-Programmen benutzt eine globale Variable als eindeutigen Zähler, das heißt, jedes Anwendungsprogramm liest den letzten Zählerstand, erhöht ihn um eins und benutzt ihn als identifizierendes Merkmal. Man findet diese Situation oft bei der Vergabe von eindeutigen Kundennummern oder von Aufnahmenummern in Krankenhäusern und anderswo. Die entsprechende Befehlszeile könnte folgendes Aussehen haben, wenn in der Variable ^NUM die jeweils letzte benutzte eindeutige Nummer steht:

```
S ID=^NUM+1,^NUM=ID,^DATA(ID)="Daten"
```

Hier bezeichnet ID die aktuelle eindeutige Nummer und in ^DATA(ID) werden die diesen Fall betreffenden Daten abgespeichert.
In einer Multi-User-Umgebung gibt es nun aber eine Reihe von grundsätzlichen Schwierigkeiten, da mehrere Anwender auf eine globale Variable zugreifen können. Wir wollen exemplarisch den sogenannten 'Lost Update' erläutern.
Dieser Begriff bezeichnet den Verlust von Daten infolge unzureichender Synchronisation der Programme. Angenommen, der Benutzer A liest ^NUM, wird aber nach dem ersten SET in der Ausführung der Programmzeile unterbrochen, das heißt ^NUM wurde noch nicht um eins erhöht. Ein Benutzer B liest zur selben Zeit den schon benutzten Wert von ^NUM und führt die ganze Befehlszeile aus, ehe Benutzer A den Rest der Zeile durchführen kann. Die Folge davon ist, daß die Information von Benutzer B verloren geht.
Dazu muß man wissen, daß ein solcher Fall in einer Multi-User-Umgebung häufiger als man vielleicht erwartet auftreten kann, weil jedes Programm immer nur für einen kurzen Zeitraum ausgeführt wird, dann angehalten wird und die Kontrolle an das nächste wartende Programm übergeben wird.

Dieses grundsätzliche Problem wird in MUMPS durch den Befehl LOCK vermieden. LOCK sperrt die in seinem Argument angegebene lokale oder globale Variable für andere Benutzer solange, bis die Angabe eines expliziten Entsperrens erfolgt. Das Problem des 'Lost Updates' würde also in unserem Beispiel nicht auftreten, wenn die kritische Programmzeile folgendes Aussehen hätte:

```
LOCK ^NUM S ID=^NUM+1,^NUM=ID LOCK  S ^DATA(ID)="Daten"
```

Dabei gibt das (argumentlose) letzte LOCK die Sperre wieder frei.

Eine Variable mittels LOCK für andere Benutzer sperren, heißt freilich nicht, daß diese keinesfalls einen Zugriff auf die betreffende Variable haben. Nur wenn jeder Teilnehmer seine kritischen Programmteile mit LOCK sichert, ist es möglich, Synchronisationsprobleme zu vermeiden. Hat etwa Teilnehmer A die globale Variable ^A gesperrt, Teilnehmer B dagegen nicht, so kann B ohne weiteres den Inhalt von ^A verändern.

Ehe wir auf die genaue Syntax von LOCK eingehen, wie üblich einige mögliche Ausprägungen des Befehls:

Beispiele

```
LOCK
LOCK A
LOCK ^B
LOCK:COND="TRUE" ^DB
LOCK:BED ^MU:5
L ^MU(5,2)
L (X,Y,Z)
L (A,B,C):10
```

Der Befehl LOCK wird mit L abgekürzt. Es gibt ihn in 2 Formen: argumentlos und mit Argument. Er bewirkt grundsätzlich 2 Maßnahmen, von denen die zweite nur in der Form mit Argument ausgeführt wird:

(1) Es werden alle früheren Sperren des Benutzers freigegeben.
(2) Die als Argument angebene Variable wird für andere Benutzer gesperrt, sofern nicht ein anderer Benutzer auf sie bereits einen LOCK gegeben hat.

Ist das der Fall, wird die Programmexekution solange unterbrochen, bis dieser Benutzer die Variable entsperrt.
Das kann unter Umständen lange dauern. Deshalb kann ein Timeout nach dem Argument des Befehls angegeben werden. Ist die dort angegebene Zeit (in Sekunden) verstrichen, ohne daß ein LOCK möglich war, wird der speziellen Variablen $TEST der Wert 0 zugewiesen und mit der Ausführung des Programms fortgefahren. Wie es in diesen Fällen üblich ist, kann $T explizit abgefragt werden oder aber implizit mit ELSE.

Beispiel

```
?LOCK ^A:5 ELSE  GOTO TIMEOUT
?
```

Wir haben diese Technik schon bei den beiden anderen Befehlen kennengelernt, bei denen die Angabe eines Timeouts erlaubt war, nämlich bei READ und OPEN.
Ist hingegen das Sperren erfolgreich, wird $TEST gleich 1 gesetzt. Der Wert von $T wird nicht geändert, wenn die Angabe eines Timeouts fehlt.

Der erste der beiden oben angegebenen Schritte hat aber noch eine interessante Konsequenz. Wir erinnern uns an den Umstand, daß (bis auf eine Ausnahme) die Sequenz

BEFEHL ARGUMENT1 BEFEHL ARGUMENT2 ... BEFEHL ARGUMENTn

gleichbedeutend ist mit

BEFEHL ARGUMENT1,ARGUMENT2,...,ARGUMENTn .

In diesem Sinne ist L A,B äquivalent mit L A L B. Der zweite LOCK-Befehl hebt aber den ersten auf, so daß nur B gelockt wird, nicht aber A. Möchte man dagegen beide Variablen sperren, muß man sich Klammern bedienen, also L (A,B) schreiben. Dann werden beide Variablen gesperrt. Eine ähnliche Sachlage liegt vor, wenn man in einem früheren Programmteil 2 Variablen gesperrt hat und nun erneut eine dritte Variable sperren will, ohne das Eigentum auf die beiden ersten zu verlieren. Man muß dann in der Variablenliste alle 3 Variablen angeben, um zu verhindern, daß nur die dritte gesperrt wird. Da aber zunächst die beiden ersten Variablen freigegeben werden, kann ein anderer Benutzer, sofern er gerade auf die Freigabe wartet, in der Zwischenzeit zugreifen. Der sukzessive LOCK ist also in MUMPS mit gewissen Problemen verbunden.
In der durch Klammern zusammengefaßten Liste von Variablen könnten nun einige durch andere Benutzer bereits reserviert sein, andere seien es nicht. Wie verhält sich hier MUMPS? Die Situation ist eindeutig geregelt: Nur wenn alle Variablen 'frei' sind, wird ein LOCK auf die Liste durchgeführt. Ist nur eine Variable von einem anderen Benutzer gelockt, wird der komplette LOCK verzögert, bis alle Variablen frei sind oder bis der hinter der Klammer angegebene Timeout verstrichen ist. Die Angabe eines Timeouts auf einzelne Elemente der Liste ist nicht möglich.

Wir wollen am Schluß das Sperren von Teilen von indizierten Variablen behandeln. Ebenso wie es möglich war, Teilbäume einer hierarchischen Datenstruktur mit dem Befehl KILL zu löschen, ist es möglich, Teilbäume zu sperren. Dazu nehmen wir an, eine globale Variable ^A habe die Werte ^A(1)=1,^A(2)=2,^A(1,1)=3. Die Wirkung von LOCK ^A(1) besteht darin, daß neben ^A(1) auch ^A(1,1) gesperrt würde. ^A(2) bleibt von dem LOCK unberührt und kann von anderen Benutzern reserviert werden. Generell werden bei einem LOCK auf einen Knoten einer Variablen alle Nachfolger des Knotens mitgesperrt, während Nachbarknoten dem LOCK nicht unterliegen.

Wir wollen schließlich noch anmerken, daß die Angabe einer 'naked reference' als Argument des LOCK-Befehls nicht erlaubt ist und daß der LOCK-Befehl umgekehrt den 'naked indicator' nicht verändert. Das gilt natürlich nur dann, solange der Index einer Variablen nicht selbst eine globale Variable ist. In LOCK ^A(^B) würde sich der 'naked indicator' durch den Zugriff auf ^B ändern.

4.9 Beispiele zu den Ordnungsfunktionen

Die spezifische Art der Abspeicherung von Variablen in MUMPS ermöglicht eine einfache Sortierung. Man muß lediglich die Sortierfelder als Indizes abspeichern. Wir wollen dazu ein Beispiel geben:

1. Beispiel Alphabetische Sortierung

Angenommen man wollte in einem kleinen Programm den Autor und den Titel einer Reihe von Büchern erfassen und anschließend alphabetisch nach dem Nachnamen des Erfassers ausdrucken. Hat ein Autor mehrere Bücher verfaßt, soll die Ausgabe in der alphabetischen Reihenfolge der Titel erfolgen.
Dazu definiert man sich eine globale Variable mit 2 Indexstufen. Die erste enthält den Autor, die 2. den Titel. Durch die MUMPS-Sortierordnung ist die Aufgabe schon fast vollständig gelöst. Folgender vereinfachter Code ist denkbar:

```
¦BIBLIO ; HESSE ; KIRSTEN ; 24-08-1982 ; SORT nach Autor
¦ANF R !,"Autor?---",AUT Q:AUT=""
¦ R !,"Titel?---",TIT G:TIT="" ANF
¦ S ^BIB(AUT,TIT)="" G ANF
```

Es verbleibt noch die Ausgabe der globalen Variablen. Fast jedes MUMPS-System besitzt aber dazu Standardmöglichkeiten. Im nächsten Beispiel stellen wir ein solches Programm vor.

2. Beispiel Globalstrukturanalyse

Dieses Beispiel stellt schon höhere Anforderungen an das Verständnis der Sprache. Der Leser sollte sich nicht entmutigen lassen, wenn er es nicht auf Anhieb versteht. Das angeführte Programm ist nicht nur fähig, den oben aufgebauten Bibliotheksglobal auszudrucken, sondern es kann Globals von beliebigem Aufbau ausgeben. Hier soll nur eine kurze, das Wesen des Programms erfassende Beschreibung angegeben werden.

Die Variable ST dient zur Aufnahme der aktuellen Indexwerte. Sie wird mit der Variablen SP indiziert, um die Werte für die verschiedenen Indexstufen aufnehmen zu können.
Am Beginn des Programms wird eine Sonderfallbehandlung für den Wurzelknoten durchgeführt. Dann erfolgt die Initialisierung der Variablen SP und ST und der Aufruf von NEXT.
Dieses Unterprogramm dient zum Durchschreiten einer Indexstufe von links nach rechts. Es wird für jedes Element die Ausgaberoutine WRITE aufgerufen. Falls ein Nachfolger existiert, wird zusätzlich noch DOWN aufgerufen, das den Abstieg um eine Indexstufe durchführt und mit Hilfe von NEXT die Werte dieser und untergeordneter Indexstufen ausgibt.
Wenn NEXT am Ende einer Indexstufe angekommen ist, wird UP ausgeführt, das den Aufstieg auf die übergeordnete Indexstufe bewirkt.

```
¦GLA ; 23.09.82; Hesse/Kirsten; Global-Strukturanalyse
¦ W !!!,"Global-Strukturanalyse    ",!
¦ W !,"^BIB" I $D(^BIB)#10=1 W "=",^BIB
¦ G:$D(^BIB)\10=0 ENDE
¦ S SP=1,ST(SP)=$O(^BIB("")) D NEXT
¦ENDE W !!,"Ende der Arbeit",! Q
```

```
¦NEXT S D=$D(^(ST(SP))) D WRITE,DOWN:D\10=1 S ST(SP)=$O(
^(ST(SP))) G:ST(SP)'="" NEXT
¦UP S SP=SP-1 Q:SP=0  S D=$D(^BIB(ST(1))) Q:SP=1  F I=2:
1:SP S D=$D(^(ST(I-1),ST(I)))
¦ Q
¦DOWN S SP=SP+1,ST(SP)=$O(^(ST(SP-1),"")) G NEXT
¦WRITE W !,"^BIB("
¦ F I=1:1:SP W """",ST(I),"""" W:I<SP ","
¦ W ")" Q:D#10=0
¦ W "=""",^(ST(SP)),"""" Q
```

Der Test des Programms liefert folgendes Ergebnis:

```
?S ^BIB=5,^BIB(1,1,1,1,1)=1,^BIB(1,1,1,2)=2
?S ^BIB(2,3,4)=5,^BIB(2)=3
?D ^GLA


Global-Strukturanalyse

^BIB=5
^BIB("1")
^BIB("1","1")
^BIB("1","1","1")
^BIB("1","1","1","1")
^BIB("1","1","1","1","1")="1"
^BIB("1","1","1","2")="2"
^BIB("2")="3"
^BIB("2","3")
^BIB("2","3","4")="5"

Ende der Arbeit
```

3. Beispiel Tageseinteilung

Wir wollen noch kurz bemerken, daß im MUMPS-Standard von 1977 als Indizes nur positive, ganze Zahlen erlaubt waren. Im neuen Standard von 1982 sind nun Zeichenketten als Indizes erlaubt, eine Erweiterung, die sehr zweckmäßig ist.
Die $ORDER entsprechende Ordnungsfunktion für numerische Indizes heißt $NEXT. Sie ist aus Gründen der Aufwärtskompatibilität beibehalten worden, unterscheidet sich aber jetzt nur in einem Punkt von $ORDER. Dieser Punkt betrifft den Start- und Endwert von $NEXT, der -1 ist, im Gegensatz zu $ORDER, wo man den Leerstring ("") benutzt.
Wir empfehlen generell die Benutzung von $ORDER, auch dann, wenn tatsächlich nur positive, ganzzahlige Indizes benutzt werden, wollen aber $NEXT in einem Beispiel kurz behandeln.

Wir wissen bereits, daß der 2. Teil des Strings von $HOROLOG die Sekunden nach Mitternacht liefert. Das erlaubt uns, auf einfache Art eine Einteilung des Tages vorzunehmen. Dazu wollen wir definieren, daß der Morgen bis 12.00 Uhr, der Mittag bis 18.00 Uhr geht und daß danach bis Mitternacht der Abend geht. Bis 12.00 Uhr sind 43200 Sekunden, bis 18.00 Uhr sind 64800 Sekunden verstrichen. Wir definieren uns eine globale Variable ^Z, deren Indizes gerade diese Grenzen sind und deren Werte der entsprechende Tagesabschnitt darstellt, also

```
^Z(43200)="Morgen"
^Z(64800)="Tag"
^Z(90000)="Abend"
```

Dann liefert $PIECE($HOROLOG,",",2) die Anzahl der Sekunden nach Mitternacht. Wäre dieser Wert etwa 25000, dann ist $NEXT(^Z(25000)) gleich 43200 und ^Z(43200) ist gleich "Morgen".
Um den der Tageszeit entsprechenden Gruß auszugeben, ist also folgende Befehlszeile ausreichend:

```
?WRITE "Guten "_^Z($NEXT(^Z($PIECE($HOROLOG,",",2))))
Guten Abend
?
```

Wir wollen nun noch ein Wort über die Sortierordnung von Zeichenketten verlieren. Im Gegensatz zu früheren Bemerkungen über die numerische Interpretation von Zeichenketten wird ein String mit führenden Nullen, der sonst nur aus Ziffern besteht, bei der Einordnung in die Indexreihenfolge nicht numerisch interpretiert. Konkret bedeutet das, daß "00010" in der Sortierreihenfolge hinter "99999" eingeordnet wird, weil "00010" nichtnumerisch interpretiert wird und nichtnumerische Zeichenketten hinter den Zahlen sortiert werden.

Zum Abschluß dieses Kapitels wollen wir ein mathematisches Beispiel zur Benutzung von KILL und $ORDER bringen. Es enthält inhaltlich nichts Neues und kann daher von eiligen Lesern übergangen werden.

4.Beispiel Das Sieb des Eratosthenes

Der Begriff 'Sieb des Eratosthenes' bezeichnet eine Methode, um in einem Bereich von Zahlen alle Primzahlen zu finden. Bekanntlich sind Primzahlen positive ganze Zahlen, die außer 1 und sich selbst keine anderen ganzen

Zahlen als Teiler haben. Die Zahlenfolge der Primzahlen beginnt mit 2, 3, 5, 7. Es ist nicht leicht, Primzahlen zu finden, da es keine Methode gibt, die eine einfache Entscheidung gestattet, ob eine vorgelegte Zahl eine Primzahl ist oder nicht. Eine Möglichkeit, in einem vorgegebenen Zahlenbereich alle Primzahlen zu bestimmen, besteht darin, alle Nichtprimzahlen zu entfernen (auszusieben!). Diese Methode ist nach Eratosthenes benannt, einem griechischen Mathematiker um 250 vor Christus, der als erster dieses Prinzip erkannt hat.

Wir wollen das Sieb nicht in allen Einzelheiten vorstellen, es kommt nur darauf an, daß man das Prinzip versteht und die sinnvolle Anwendung von KILL und $ORDER.

Angenommen also, wir wollten alle Primzahlen zwischen 2 und 225 (gleich 15 zum Quadrat) finden. Dazu schreibt man sich diese Zahlen der Reihe nach hin, und streicht zunächst alle Vielfachen von 2, also 4, 6, 8 usw., aber nicht 2 selbst. Die gestrichenen Zahlen können keine Primzahlen sein, denn sie sind alle Vielfache von 2. Die nächste, bisher nicht gestrichenen Zahl ist 3. Sie muß Primzahl sein, und wieder streicht man alle Vielfachen von 3, aber nicht 3 selbst. So fährt man fort, bis die erste, bisher nicht gestrichene Zahl größer als 15 ist. Man kann hier aufhören, weil die Nichtprimzahlen jetzt alle durchgesiebt sind.

Die Realisierung in MUMPS sieht folgendermaßen aus. Zunächst definiert man eine indizierte Variable P(I), I im Bereich 2 bis 225. Danach bezeichne IND den jeweils nächsten Index der Variablen P(I), am Anfang also IND=2. IND wird jeweils durch $ORDER bestimmt. Sodann streiche (KILLe!) man alle Vielfachen dieses Index, ihn selbst aber nicht. Es bleiben schließlich diejenigen Indizes der Variablen P(I), die eine Primzahl darstellen. Sie können mit den in allen MUMPS-Systemen vorhandenen Standardmöglichkeiten ausgegeben werden.

Und hier der MUMPS-Code.

```
PRIM ; HESSE; KIRSTEN ; 23-08-1982
     ; Sieb des Eratosthenes
 S Z=15,Q=225,IND=""
 F I=2:1:Q S P(I)=""
 F L=0:0 S IND=$O(P(IND)) Q:IND>Z  D KILL
 QUIT
KILL F I=2:1 K P(I*IND) Q:I*IND>Q
```

Natürlich gibt es effektivere Verfahren zur Primzahlbestimmung, aber es ist für MUMPS, das ja bekanntlich nicht 'rechnen' kann, ein beachtliches Ergebnis.

D Der MUMPS-Standard

Standardisierte Sprachen bieten in einigen Bereichen wesentliche Vorteile gegenüber nichtstandardisierten Sprachen. Stellt man sich zum Beispiel einmal ein System von Arbeitsplatzrechnern vor, die den Dialog mit den Benutzern führen.
Wenn mehrere dieser Rechner - was sehr oft der Fall sein wird - die gleiche Anwendung unterstützen, also das gleiche Programmpaket ausführen sollen, ist es sinnvoll, sie von einer zentralen Station mit den Programmen zu versorgen.
Wenn nun weiterhin in einem Netzwerk Rechner verschiedener Typen zugelassen sein sollen, muß eine Sprache gefunden werden, die alle angeschlossenen Systeme verstehen. Hier bieten sich die standardisierten Sprachen an, weil sie auf allen Rechnern die gleiche Schnittstelle bieten.
Wenn man nun zusätzlich noch vermeiden will, daß bei einer Programmänderung oder bei der Installation eines neuen Programms auf allen angeschlossenen Teilsystemen aufwendige Compilierungen angestoßen werden müssen, bleibt nur die Alternative, eine genormte interpretative Sprache zu benutzen.

Gelegentlich mag man sich fragen, wie eine standardisierte Programmiersprache Veränderungen unterworfen sein kann. Tatsächlich gibt es diese Änderungen und sie haben unterschiedliche Ursachen. Einmal kommt es vor, daß der Anfangsentwurf der Sprache noch Mängel enthält, also in Teilbereichen unpräzise formuliert war. Solche Mängel

werden im allgemeinen erst in der Praxis erkannt und bedingen eine Präzisierung in der Konstruktion der Sprache.
Änderungen können aber auch als Reaktion auf sich wandelnde Benutzerwünsche auftreten. Gewöhnlich sind die Benutzer einer Sprache in 'Benutzergruppen' organisiert, die diese Wünsche sammeln und daraus einen Vorschlag zur Erweiterung formulieren.
Änderungen schließlich können sinnvoll sein, wenn sich das Einsatzgebiet einer Sprache erweitert. Programmiersprachen werden nie für alle denkbaren Einsatzmöglichkeiten in der Datenverarbeitung entwickelt, sondern für genau definierte Bereiche, für die sie optimiert wurden. Nun kann es sich nachträglich herausstellen, daß die Sprache X im Bereich Y vorteilhaft anwendbar ist, wenn man nur einige kleine Anpassungen vornähme.

Das alles heißt freilich nicht, daß der Inhalt einer Programmiersprache sich ständig im Fluß befände. Änderungen finden nach gewissen Zeitintervallen statt, die es den verschiedenen Herstellern ermöglichen, sich auf die Änderungen einzustellen. Auch aus Gründen der Portabilität von Software ist es unabdingbar, Änderungen nach genau beschriebenen Prozeduren vorzunehmen.

MUMPS selbst wurde 1977 von der amerikanischen Normierungsbehörde (National Bureau of Standards, NBS) als Standard anerkannt. Standardisiert waren zu diesem Zeitpunkt lediglich COBOL und FORTRAN. Für BASIC existierte eine minimale Übereinkunft über einige Sprachelemente. Erst in neuerer Zeit gibt es ernstzunehmende Bestrebungen, BASIC ebenso wie PASCAL zu standardisieren. Den Anstoß, eine von allen MUMPS-Benutzern anerkannte standardisierte Version zu entwickeln, lieferten zwei Gre-

mien, die beide im Jahre 1972 gegründet wurden: die MUMPS Users' Group (MUG) und das MUMPS Development Committee (MDC), das letztere eine Vereinigung verschiedener Benutzer und Hersteller von MUMPS. Das MDC legte 1975 einen Vorschlag vor, der dann 1977 als Standard X11.1 anerkannt wurde. Die Arbeit der MDC ging aber weiter, denn die Regeln der NBS schreiben eine Überprüfung des Standards nach jeweils fünf Jahren vor. Das führte zu einem neuen Standard im Jahre 1982.
Im Gegensatz zum ersten Standard, der eine rein amerikanische Entwicklung war, sind neuerdings die europäischen Interessen über ein MUMPS Development Co-ordinating Committee (MDCC-E) vertreten. Ebenso vertreten sind in der MDC die MUMPS Users' Groups von Europa und Japan.
Besteht nun ein Anlaß, eine Ergänzung oder Verbesserung einzubringen, so wird in der MDC darüber diskutiert und abgestimmt, falls dieses Gremium den Vorschlag als sinnvoll erachtet. Die konkrete Änderung wird zunächst als 'Type B Release' bezeichnet und kommt auf einer der nächsten Sitzungen - nach einer Phase des Nachdenkens über die Implikation der Änderung - wieder zur Abstimmung. Sind die Mehrzahl der Mitglieder erneut der Auffassung, daß die vorliegende Änderung sinnvoll ist, wird der Vorschlag zum 'Type A Release'. Die Liste aller 'Type A Releases', die sich im Laufe der Zeit ergeben haben, wird schließlich der NBS als Vorschlag für einen neuen Standard übergeben.

Was sind die wesentlichen Änderungen gegenüber dem alten Standard und wie kommen sie zustande? Die wichtigste Änderung gegenüber dem Standard von 1977 ist die Zulassung von 'Stringsubscripts' und die sich daraus ergebende Modifikation von $NEXT. Ursprünglich waren als Indizes von Variablen nur positive numerische Ausdrücke zugelassen. Die zugehörige Ordnungsfunktion war $NEXT. Andererseits erkannte man den Wert von Indizes, die aus der Menge des MUMPS-Zeichensatzes bestehen. Aus Gründen der Aufwärtskompatibilität von Programmen mußte sich die Änderung harmonisch in die bisherige Sprachdefinition einfügen lassen. Man beschloß also, $NEXT beizubehalten, allerdings mit einem erweiterten Funktionsumfang, der sich nur durch den Start- und Endwert von der neuen Ordnungsfunktion $ORDER unterscheidet. Bekanntlich ist dieser Wert bei $NEXT -1 (der nächsten ganzen Zahl vor allen positiven numerischen Ausdrücken) und bei $ORDER der Leerstring "" (den man sich auch vor allen anderen Indizes stehend denken kann). Besondere Probleme ergeben sich bei der neuen Sortierordnung. Die alte Ordnung war nach der Reihenfolge der Zahlen definiert, die neue mußte noch eine Reihenfolge der hinzugekommenen ASCII-Zeichen definieren. Hier hat man sich für die lexikografische Ordnung entschieden, unter Beibehaltung der numerischen Ordnung der Zahlen. Dieses ist eigentlich eine Inkonsistenz, aber ein Tribut an die Tatsache, daß MUMPS nur einen Datentyp kennt.

Neben dieser gewichtigen und äußerst nützlichen Änderung gibt es die natürliche Erweiterung von $LENGTH mit zwei Parametern, die Defaultdefinition von $EXTRACT und $PIECE in der ein- bzw. zweiparametrigen Form, sowie der Bezug von $CHAR und $ASCII auf Werte jenseits ASCII 127. Der Umfang von $TEXT wurde insofern erweitert, als $TEXT(+0) den Namen des laufenden MUMPS-Programms liefert. Der Mustervergleich erlaubt jetzt die Angabe von Bereichsformaten, was früher nicht möglich war.
Befehle wurden an mehreren Stellen erweitert. Beim READ ist es nun möglich, die Angabe einer maximalen Leselänge anzugeben. Die Erweiterung SET $PIECE erlaubt die Ein-

fügung von Zeichenketten in lokale oder globale Variablen, eine Konstruktion übrigens, die nicht unumstritten war. Die Verwendung von CLOSE ist nun ohne Argument möglich, während das Argument von HANG nicht mehr ganzzahlig sein muß, eine Änderung, die allerdings implementierungsabhängig ist.
Erwähnenswert ist noch die 'Namespace Notation' und die Möglichkeit, mehrere Blanks zwischen zwei Befehle zu schreiben.
Für eine ausführliche Gegenüberstellung des alten und neuen Standards verweisen wir auf den Anhang.

5. Fortgeschrittene Programmiertechniken

5.1 Dynamische Veränderung von Programmen

Die bisher vorgestellten Sprachkonzepte von MUMPS fanden meistens eine Entsprechung in den anderen allgemein üblichen Programmiersprachen. Jetzt wollen wir uns mit den besonderen Möglichkeiten von MUMPS beschäftigen, den Inhalt von Variablen als Programm oder als Teil eines Programms auszuführen.
Solche Möglichkeiten sind in den wenigsten anderen Programmiersprachen anzutreffen. Sie erlauben die datenabhängige und damit dynamische Modifikation der Programme zur Laufzeit.

MUMPS kennt gleich zwei unterschiedliche Konzepte, die in diesem Zusammenhang anzuführen sind. Das erste ist der XECUTE-Befehl. Er erlaubt es, den Inhalt einer Variablen als einzeiliges Unterprogramm anzusehen und als solches auszuführen. Zuerst soll die Schreibweise anhand einiger Beispiele verdeutlicht werden.

Beispiele

```
XECUTE VAR
X ^%LIST
X:COND A_" D X G "_B
X V1:A=1,V2:A>1,V3
```

Der Befehlsname läßt sich zu X abkürzen. Postcondition ist sowohl beim Befehl als auch bei den Argumenten erlaubt (wie bei DO und GOTO). Als Argumente sind beliebige Ausdrücke zulässig.

Die Ausführung eines XECUTE-Befehls läßt sich wie folgt charakterisieren: zuerst wird der Ausdruck, der als Argument angegeben ist, ausgewertet. Die sich ergebende Zeichenkette wird als einzeiliges Unterprogramm angesehen und als solches ausgeführt. Sie besteht nur aus dem Zeilenrumpf, enthält also weder Label noch Trennzeichen, das Label und Zeilenrumpf voneinander trennt. Auch die Beendigung der Ausführung des XECUTE-Arguments folgt den bei Unterprogrammen üblichen Konventionen. Also beendet entweder ein QUIT-Befehl oder das Erreichen des Endes der Zeichenkette deren Ausführung.

Weitere Beispiele

```
?S A="S B=1" X A W B
1
?S K=5 X "Q:K>2  W K" W "ENDE"
ENDE
?
```

Die Behandlung des XECUTE-Arguments als Unterprogramm hat interessante Folgen, wenn GOTO-Befehle in ihm enthalten sind.

Beispiel

```
¦TEST ; Hesse, Kirsten ; 28.09.82 ; Test fuer XECUTE
¦ X "G A" W "Nach XECUTE",! Q
¦A W "Im Unterprogramm",! Q
```

Die Ausführung von TEST ergibt folgendes Resultat:

```
?D ^TEST
Im Unterprogramm
Nach XECUTE
?
```

Obwohl der GOTO-Befehl aus dem XECUTE-Argument herausführt, bleibt die Rücksprungadresse erhalten und sorgt für die Ausführung des dem XECUTE folgenden Befehls, wenn ein QUIT erkannt wurde. Das GOTO wird also nun als Sprung innerhalb des Unterprogramms angesehen, der die Rücksprungadresse in keiner Weise beeinflußt.

Jetzt wollen wir noch eine andere interessante Anwendung des XECUTE vorstellen. Dazu ist es jedoch notwendig, zuerst die Funktion $TEXT kennenzulernen. Sie dient dazu, einzelne Zeilen der Routine, die sich gerade im Speicher befindet, im Programmablauf verfügbar zu machen. Wir wollen die Funktion anhand von einigen Beispielen zur Schreibweise erläutern.

Beispiele

```
$TEXT(A)
$T(A+5)
$T(+0)
$T(+2)
$T(2)
```

Der Name $TEXT kann zu $T abgekürzt werden. Die Funktion liefert jeweils eine Zeile der sich im Speicher befindlichen Routine.
Die Auswahl der Zeile wird durch das Argument bestimmt. Hat das Argument die Form eines Zeilenlabels (mit oder ohne Offset), so wird die bezeichnete Zeile übergeben. Ist das Label nicht vorhanden oder das Offset zu groß, liefert die Funktion den Leerstring.

Eine andere Form des Arguments besteht aus einem Pluszeichen gefolgt von einem ganzzahligen Ausdruck. Bei dieser Schreibweise gibt der Wert des Ausdrucks an, welche Zeile geliefert werden soll.

Ist der Wert gleich 0, liefert die Funktion den Programmnamen. Ist er gleich 1, liefert sie die erste Zeile, bei 2 die zweite Zeile und so weiter. Auch hier liefert die Funktion den Leerstring, wenn der Wert des Ausdrucks zu groß ist oder wenn sich keine Routine im Speicher befindet.
Die letzten beiden Beispiele verdeutlichen noch einmal den Unterschied der beiden Schreibweisen. Der vorletzte Funktionsaufruf würde die zweite Zeile des Programms liefern, während der letzte Aufruf die Zeile mit dem Label 2 liefert.
Die $TEXT-Funktion läßt sich elegant nutzen, wenn man größere Mengen von unveränderlichen Daten, zum Beispiel Tabellen oder Bildschirmmasken, im Programm benötigt. Dann schreibt man die Daten in Form von Kommentaren in das Programm und greift darauf mit der $TEXT-Funktion zu.

Eine andere Anwendung bietet sich, wie bereits oben erwähnt, im Zusammenhang mit dem XECUTE-Befehl an. Dieser Befehl erlaubt die Ausführung von Programmen, die nicht wie üblich im Programmspeicher stehen, sondern die in Variablen enthalten sind.
Da der Programmspeicher nicht benötigt wird, wird er auch nicht verändert. Daher kann man seinen Inhalt, also z.B. ein mit dem BREAK-Befehl unterbrochenes Programm, mit einer einfachen Routine ausgeben. Man speichert dazu die Befehlsfolge

```
F %I=0:1 Q:$T(+%I)="" W $T(+%I),!
```

in einer lokalen oder globalen Variablen ab.
Angenommen, man verwendet dazu die Variable ^%LIST, so kann man die Ausgabe der Programmliste mit dem Befehl

```
X ^%LIST
```

starten.
Manche MUMPS-Installationen benutzen ähnliche Mechanismen in Verbindung mit implementierungsabhängigen Erweiterungen des Befehlssatzes zum Abspeichern und Korrigieren von Programmen.

In vielen Fällen will man die Möglichkeiten der datenabhängigen Programmodifikation nur benutzen, um bestimmte Teile eines Befehls zu modifizieren. MUMPS stellt für diesen Fall eine gegenüber dem XECUTE-Befehl einfachere Möglichkeit zur Verfügung, die Indirektion.
Sie erlaubt die Modifikation eines Befehlsarguments, eines Namens oder eines Musterelements. Entsprechend heißen die verschiedenen Varianten der Indirektion auch Argument-Indirektion, Namens-Indirektion und Muster-Indirektion.
Zuerst wollen wir uns mit der naheliegendsten Form der Indirektion, der Namens-Indirektion befassen. Sie ist überall dort zulässig, wo ein Variablen- oder Programmname stehen kann. Sie wird angezeigt durch die Angabe eines 'Klammeraffen' (@) vor einem beliebigen Ausdruck. Enthält dieser Ausdruck zweistellige Operatoren, muß er in Klammern eingeschlossen sein.
Die Indirektion bewirkt, daß zuerst der Ausdruck ausgewertet wird. Die sich ergebende Zeichenkette wird nun als Name angesehen und es wird dieser Name bei der Verarbeitung des Befehls benutzt. Diese Ausführungen sollen wieder an einigen Beispielen erläutert werden.

Beispiele

```
?S A="B",B=25 W @A
25
?S ROUT="WRT" D ^@ROUT
(Ausführung der Routine ^WRT)
?S V="ABC",ABC=1 K @V W $D(ABC)
0
?S A1=5,A2=2,A3=7 F I=1:1:3 W @("A"_I)
527
?S A="@B",B="C",C=222 W @A
222
?S A="B",B="C",C=222 W @@A
222
?
```

Die beiden letzten Beispiele verdeutlichen, daß beliebig geschachtelte Indirektion erlaubt ist.
Die Namensindirektion erstreckt sich nicht nur auf einfache Namen von Variablen oder Programmen, sondern kann auch bei komplizierteren Namenskonstruktionen wie Programmaufruf mit Angabe eines Labels oder indizierten Variablen verwendet werden.

Beispiele

```
?S A="WRT^LIST" D @A
.......
?S VAR="X(1,2,3)",@VAR=5 W X(1,2,3)
5
?
```

Bei der Entwicklung von Programmen, die auf beliebigen Teilbäumen von Globals arbeiten können, steht man oft

vor dem Problem, daß in einer Variablen der Name des Teilbaumes steht, also z.B. N="X(2,5)", man aber einen untergeordneten Knoten ansprechen will. Die Aufgabenstellung würde in diesem Fall also lauten: Sprich den Knoten X(2,5,D) an.
Bei Verwendung der Indirektion würde die Lösung so aussehen, daß man mit Textverarbeitungsfunktionen den Inhalt von N so modifiziert, daß der Name des anzusprechenden Knotens erzeugt wird.

Diese Vorgehensweise ist recht aufwendig und unübersichtlich. Daher ist seit dem neuen Standard von 1982 eine Variante der Namensindirektion erlaubt, die sich 'Namespace Notation' nennt. Mit dieser Notation würde die oben gestellte Aufgabe durch den Ausdruck @N@(D) gelöst. Dazu einige Beispiele:

Beispiele

```
?S B="XYZ",@B@(1)=1 W XYZ(1)
1
?S C="ABC(2,3)",@C@(4,5)=2345 W ABC(2,3,4,5)
2345
?S D="A",@C@(D)="X" W ABC(2,3,"A")
X
?
```

Die zweite Form der Indirektion, auf die wir hier eingehen wollen, ist die Argument-Indirektion. Hier wird ein gesamtes Befehlsargument oder sogar eine Argumentliste durch eine Indirektion dargestellt, ist also Ergebnis eines Ausdrucks.
Die Schreibweise entspricht der der Namens-Indirektion. Jedoch werden hier nicht einzelne Namen, sondern ganze

Argumente ersetzt. In Argumentlisten von Befehlen können direkte und indirekte Schreibweise in beliebiger Reihenfolge erscheinen. Auch das soll wieder durch Beispiele erläutert werden.

Beispiele

```
?S A="B=5" S @A W B
5
?S A="B=5",@A W B
5
?S B=5,A="B=5" W @A
1
?S U="A,B" D @U
(Ausführung der Unterprogramme A und B)
?S B=1,X="B=1" I @X W "JA"
JA
?S B=1,X="B=1" W:@X "JA"
(Fehlermeldung)
?
```

Die Fehlermeldung beim letzten Beispiel erklärt sich daraus, daß die Postcondition kein Argument ist, hier also auch keine Argument-Indirektion erlaubt ist. Namens-Indirektion wäre hier erlaubt, jedoch ist dafür der Inhalt der Variablen X nicht zulässig.

Jetzt wollen wir uns noch mit der dritten, seltener benutzten Form der Indirektion befassen. Es ist die Muster-Indirektion. Sie erlaubt die dynamische Definition von Musterelementen für einen Mustervergleich.
Hier wird das gesamte Muster, also der Teil, der rechts des Operators für den Mustervergleich steht, durch eine Indirektion in der gewohnten Schreibweise ersetzt. Das

Muster besteht, wie schon früher erläutert, aus einem oder mehreren aneinandergereihten Musterelementen, von denen jedes aus Wiederholungsfaktor und Musterangabe besteht.
Dieses Muster muß nun durch den Inhalt des Ausdrucks dargestellt werden. Auch diese Form der Indirektion soll durch einige Beispiele erläutert werden.

Beispiele

```
?S A="3N" W 123?@A
1
?S M="2N3A2N" W "30SEP82"?@M
1
?S WF=5,MA="""Z""" W "ZZZZZ"?@(WF_MA)
1
?S W="1.3" W "XX-123"?@(W_"A1P"_W_"N")
1
?
```

Die Beispiele verdeutlichen noch einmal, wie die Indirektion den dynamischen Aufbau von Programmelementen zur Laufzeit des Programms erlaubt.

5.2 Modularer Entwurf von Programmsystemen

Die Programme, die wir bis jetzt als Beispielprogramme betrachtet haben, sind von geringem Umfang und daher auch leicht zu überblicken.
Anders sieht es aus, wenn man größere Programmsysteme entwickeln will. Hier müssen gewisse Richtlinien sowohl beim Entwurf als auch bei der Programmierung eingehalten werden, wenn man vermeiden will, daß das Programmsystem unübersichtlich und schlecht wartbar wird. Dies ist um so wichtiger, da ein Programm in MUMPS meistens sehr kompakt geschrieben und daher schwer lesbar ist.

Es sind schon viele Abhandlungen zur Entwurfsmethodik von großen Programmsystemen geschrieben worden. Wir wollen uns daher auf einige allgemeine Bemerkungen und auf die Besonderheiten bei der Programmierung in MUMPS beschränken.
Schon beim Entwurf von großen Programmsystemen muß man darauf achten, daß nicht ein unüberschaubares 'Monstrum' entsteht. Man muß für eine sorgfältige Strukturierung des Programms sorgen.
Hier bietet sich die Vorgehensweise des modularen Entwurfs an. Dabei teilt man das Gesamtsystem in einzelne, klar abgegrenzte Funktionsblöcke, sogenannte 'Module', ein. Jedes Modul hat klar definierte Schnittstellen zu den anderen Modulen.
Diese Schnittstellen werden genau spezifiziert, ehe man jedes Modul einzeln weiter betrachtet. Beim Entwurf eines Moduls kann es sinnvoll sein, dieses wieder in Untermodule aufzuteilen, deren weiterer Entwurf in der gleichen Weise erfolgt.
Durch fortschreitende Verfeinerung von Teilkomponenten des Gesamtsystems gelangt man schließlich zu dem Punkt,

an dem ein (Unter-) Modul einen leicht überschaubaren Funktionsumfang besitzt.
Erst jetzt beginnt man mit dem eigentlichen Programmieren. Da nun die Aufgabe nicht mehr lautet, das gesamte System zu programmieren, sondern nur noch einen kleinen Teilaspekt, ist diese Aufgabenstellung leicht zu lösen.
Die oben angegebene Vorgehensweise wird auch - wie leicht einsichtig ist - Methode der schrittweisen Verfeinerung oder Top-Down-Entwurf genannt.

Auch bei der Programmierung selbst müssen Konventionen für Programme und Daten eingeführt und auch eingehalten werden.
Einige Konventionen werden allgemein bei der Erstellung von MUMPS-Programmen empfohlen. Als wichtigste ist hier die 'first line convention' zu nennen, die eine schnelle Übersicht über die vorhandenen Programme ermöglicht.
Diese Konvention sieht vor, daß die erste Zeile jedes Programms nur aus einem Label und einem Kommentar besteht. Der Kommentar soll Angaben über das Erstellungsdatum, den Verfasser und die Funktion des Programms enthalten. Das Label soll identisch mit dem Programmnamen sein.
Die einzelnen Angaben im Kommentarteil könnten wie folgt angeordnet sein:

NAME ; Verfasser ; Datum ; Angaben zur Funktion

Viele MUMPS-Systeme unterstützen die Benutzung der first line convention durch Systemprogramme, die eine Liste aller vorhandenen Programme erstellen, die jeweils die erste Zeile jedes Programms enthält.
Der Nutzen einer solchen Liste ist leicht einzusehen, wenn man bedenkt, daß ein größeres MUMPS-Programmsystem

aus mehreren hundert Routinen bestehen kann. Bei so vielen Namen, die alle im gleichen Inhaltsverzeichnis aufgeführt werden, verliert man sehr schnell die Übersicht.
Aus dem gleichen Grund ist es sinnvoll, bei der Namensgebung von Routinen ein bestimmtes Schema einzuhalten. Hier wird oft für jedes Teilsystem ein ein- oder zweistelliges Namens- oder Projektkürzel vergeben, das jedem Programmnamen vorangestellt wird. Auf diese Weise kann man schon dem Programmnamen im Inhaltsverzeichnis ansehen, wohin dieses Programm gehört.

Eine weitere wichtige Konvention ist die Benutzung von Kommentaren. Kommentare sollten grundsätzlich in allen Programmiersprachen möglichst häufig benutzt werden. In MUMPS stellt sich die Situation jedoch etwas komplizierter dar, da hier die Kommentare wertvollen Programmspeicherplatz belegen. Aus dieser Gegebenheit ist die Forderung nach möglichst spärlicher Benutzung von Kommentaren abzuleiten.
Die beste Lösung wird hier in einem Kompromiß der beiden gegensätzlichen Forderungen liegen. Jedoch sollte man nie vollkommen auf Kommentare verzichten.

Bei großen Programmsystemen kann sich auch eine Konvention über die Verwendung von Variablennamen als sehr sinnvoll erweisen. Eine Möglichkeit besteht zum Beispiel darin, alle systemweit benutzten Variablen mit dem Prozentzeichen (%) beginnen zu lassen.
In manchen Systemen wird auch die Konvention benutzt, daß jedes Unterprogramm Variablen mit einstelligem Namen beliebig verwenden darf. Gleichzeitig darf jedoch nicht vorausgesetzt werden, daß einstellige Variablen über den Aufruf eines Unterprogramms hinaus ihren Wert behalten.

Man könnte auch für jedes Unterprogramm oder Teilsystem einen ein- oder zweistelligen Zeichencode vergeben. Alle Namen von Variablen, die in dem entsprechenden Systemteil benutzt werden, müssen dann mit diesem Zeichencode beginnen.
Bei der Festlegung der Konventionen über die Verwendung von Variablen ist dem Entwickler eines Softwaresystems freie Hand gelassen, jedoch sollte darauf geachtet werden, daß einmal eingeführte Konventionen durchgehend eingehalten werden.

Nun wollen wir noch einige Bemerkungen über das strukturierte Programmieren in MUMPS folgen lassen.
MUMPS bietet als Sprache leider nicht die Unterstützung bei der strukturierten Programmierung, wie man sie z.B. von Programmiersprachen der PASCAL-Familie gewohnt ist. Es gibt kein BEGIN und END zur Klammerung strukturell zusammengehöriger Programmteile. Dagegen bietet MUMPS als natürliche Einheit der Strukturierung die Zeile. Da die Länge einer Zeile begrenzt ist, muß teilweise mit DO-Befehlen und Unterprogrammen gearbeitet werden.
Bei geschickter und disziplinierter Verwendung der in MUMPS gegebenen Strukturen ist auch hier eine strukturierte Programmierung möglich.

Eine weitere Schwierigkeit entsteht dadurch, daß alle Variablen in allen Programmteilen 'gesehen' werden können. Damit hat natürlich jedes Teilprogramm die Möglichkeit, die Variablen von anderen Teilprogrammen beabsichtigt oder unbeabsichtigt zu ändern. Dieses Problem kann durch die Einhaltung von Konventionen über die Verwendung von Variablennamen beseitigt oder doch zumindest verringert werden (siehe oben).

Parameter von Unterprogrammen werden einfach dadurch übergeben, daß bestimmte, vorher vereinbarte Variablen in den gemeinsamen Speicher gestellt werden. Daher müssen Hauptprogramm und Unterprogramm die gleichen Namen für die Parameter verwenden.

Das erschwert die Erstellung und Verwendung von allgemeingültigen Unterprogrammen. Hier muß das Hauptprogramm sich entweder an die Namensgebung des Unterprogramms anpassen oder bei jedem Aufruf des Unterprogramms die Parameter kopieren.

Beide Möglichkeiten verringern die Lesbarkeit des Programms. Leider bietet sich beim gegenwärtigen Stand der Sprachentwicklung keine Möglichkeit zur Lösung des Problems.

5.3 MUMPS-Prozesse und deren Steuerung

Die Sprache MUMPS wurde für den Einsatz in sogenannten Mehrbenutzersystemen entwickelt. Wie die Bezeichnung schon aussagt, ermöglichen solche Systeme die gleichzeitige Ausführung von Programmen mehrerer Benutzer.
Im allgemeinen bestehen die Rechner aus nur einer Verarbeitungseinheit (CPU). Wie läßt sich aber die Forderung nach gleichzeitiger Ausführung mehrerer Programme, also nach gleichzeitiger Verarbeitung mehrerer Anweisungsströme, mit dem Vorhandensein nur einer Verarbeitungseinheit vereinbaren?
Die Lösung für dieses Problem bietet die 'Quasi-Parallelverarbeitung', bei der die Verarbeitungseinheit für kurze Zeit ein Programm bearbeitet und dann die Ausführung unterbricht, um ein anderes Programm zu bearbeiten. Auch hier wird die Ausführung nach kurzer Zeit unterbrochen, um ein drittes Programm auszuführen. Nachdem das letzte Programm für kurze Zeit bearbeitet wurde, erhält wieder das erste Programm etwas Rechenzeit, usw.
Da hier gleichsam die gesamte zur Verfügung stehende Rechenzeit in Scheiben geschnitten wird, nennt man das beschriebene Verfahren auch Zeitscheibenverfahren. Da die Rechenzeit gleichmäßig unter allen Programmen aufgeteilt wird, hat der einzelne Benutzer den Eindruck, alleine an einem Rechner mit geringerer Rechenleistung zu arbeiten.

Die einzelnen Programme, die von der Maschine scheinbar parallel verarbeitet werden, nennt man Prozesse. Innerhalb jedes einzelnen Prozesses erfolgt die Verarbeitung streng sequentiell, das heißt, in einem Programm werden die Befehle immer in einer fest vorgegebenen Reihenfolge

nacheinander ausgeführt. Die Reihenfolge selbst kann jedoch durch DO, GOTO, XECUTE und QUIT beeinflußt werden.
Ein Prozeß wird normalerweise gestartet, wenn ein Benutzer anfängt, an der Maschine zu arbeiten. Er wird im allgemeinen durch die Ausführung des HALT-Befehls beendet. Es gibt jedoch auch Anwendungsfälle, in denen ein Prozeß nicht von einem Terminal aus gestartet werden soll, sondern wo ein Prozeß unabhängig von einem menschlichen Benutzer im Hintergrund arbeiten soll.
Diese Prozesse werden meistens von anderen Prozessen gestartet. Dazu wird ein spezielles Kommando benötigt, das den Start eines neuen Prozesses zur Folge hat. In MUMPS wird hierzu das JOB-Kommando benutzt. Seine Schreibweise soll zunächst an einigen Beispielen erläutert werden.

Beispiele

```
JOB ^A
JOB B,X^START
J ^X:PARM,START^PRINT:(PAR1:PAR2)
J ^NAME::10 ELSE  G ERR
J:COND ^ROUT:55:20
J @IND
```

Der Befehl JOB kann zu J abgekürzt werden. Als Argument wird der Einsprungpunkt einer Routine angegeben. Diese Angabe bewirkt, daß in dem neuen Prozeß implizit ein DO-Befehl auf den Einsprungpunkt gegeben wird.
Wird der Einsprungpunkt in der lokalen Form angegeben, so beginnt die Ausführung des neuen Prozesses an dem angegebenen Label in der gerade benutzten Routine.
Auch beim JOB-Kommando ist eine Argumentliste erlaubt. Für jedes Argument wird ein eigener Prozeß erzeugt, dessen Ausführung an der angegebenen Stelle beginnt.

Es ist möglich, das JOB-Kommando mit implementierungsspezifischen Parametern zu versehen. Diese Parameter werden durch einen Doppelpunkt (:) von der Angabe des Einsprungpunktes getrennt. Sollen mehrere Parameter angegeben werden, so müssen sie in Klammern eingeschlossen und untereinander durch Doppelpunkte getrennt werden.
Auch die Angabe eines Timeouts ist erlaubt. Sollte es aus irgend einem Grund nicht sofort möglich sein, den neuen Prozeß zu erzeugen, wird dies höchstens so lange versucht, wie durch den Timeout angegeben wurde. Wenn die Prozeßerzeugung innerhalb der angegebenen Zeit nicht möglich war, wird $TEST auf 0 gesetzt und mit der Ausführung des Programms fortgefahren.
Wenn ein Timeout angegeben ist und innerhalb dieser Zeit der neue Prozeß erzeugt werden konnte, wird $TEST auf 1 gesetzt und das Programm weiter ausgeführt.
Wurde kein Timeout angegeben, wartet das Programm so lange, bis es möglich ist, den neuen Prozeß zu starten. $TEST wird in diesem Fall nicht verändert.
Das Timeout wird von den Parametern durch einen Doppelpunkt getrennt. Wenn keine Parameter vorhanden sind, müssen die beiden Doppelpunkte direkt nacheinander geschrieben werden.
Natürlich sind auch hier Postcondition des Befehls, sowie Namens- und Argumentindirektion erlaubt.

In manchen Anwendungen ist es erforderlich, eine eindeutige Identifikation des gerade laufenden Prozesses zu erhalten. Dazu dient die spezielle Variable $JOB. Sie hat einen Wert, der den laufenden Prozeß eindeutig identifiziert.

Beispiele

```
S ^SCRATCH($JOB,X)=A
W #,DATUM," ",$J
```

Der Name $JOB kann zu $J abgekürzt werden. Der Inhalt von $JOB kann zum Beispiel dazu dienen, einen systemweit eindeutigen Teilbaum eines Globals zu erzeugen, um große Datenmengen temporär abzuspeichern.
Eine andere Anwendungsmöglichkeit wäre die Identifizierung der Herkunft einer Druckerausgabe durch den Inhalt von $JOB.

Am Ende der Betrachtungen über Prozesse sei noch auf die starke Maschinenabhängigkeit der gesamten Materie hingewiesen. So gibt es zum Beispiel auch MUMPS-Systeme, die nur für Einprozeß-Betrieb ausgelegt sind. Hier können natürlich auch keine neuen Prozesse erzeugt werden.
Eine weitere Schwierigkeit besteht darin, daß die meisten heutigen MUMPS-Systeme neue Prozesse nicht mit dem JOB-Befehl erzeugen, sondern dazu andere, nicht standardisierte Befehle benutzen. Daher empfehlen wir, wie im folgenden Kapitel noch ausführlicher dargestellt, nach Möglichkeit den JOB-Befehl nicht zu verwenden. Wenn es sich nicht vermeiden läßt, diesen Befehl zu benutzen, sollte er mit anderen implementierungsspezifischen Befehlen in besonderen, in der Dokumentation genau ausgewiesenen, Programmteilen zusammengefaßt werden.
Im Gegensatz dazu ist die spezielle Variable $JOB in den meisten MUMPS-Systemen anzutreffen, kann aber vollkommen unterschiedliche Werte annehmen.
Im folgenden Abschnitt sollen die Betrachtungen zum Thema Portabilität, also Übertragbarkeit von Programmen, noch weiter vertieft werden.

5.4 Portabilität von MUMPS-Programmen

Ein sehr wichtiger Vorteil von MUMPS besteht darin, daß die Sprache standardisiert ist. Die Standardisierung sorgt dafür, daß Programme, die auf einem Rechner in dieser Sprache geschrieben wurden, ohne Änderungen auf einem anderen Rechner laufen können, der auch MUMPS unterstützt.

Diese 'Portabilität' genannte Eigenschaft von Programmen, auf einfache Art von einem Rechner auf einen anderen übertragen werden zu können, ist nicht so selbstverständlich, wie sie auf den ersten Blick erscheinen mag.

Betrachtet man zum Beispiel eine nicht standardisierte Sprache, so werden Programme, die in dieser Sprache auf Rechnern verschiedener Hersteller geschrieben wurden, zwar ähnlich aussehen, sich aber in wichtigen Details voneinander unterscheiden.

Die Unterschiede gehen manchmal so weit, daß die Übertragung eines Programms von einem Rechner auf einen anderen mehr Aufwand fordert, als seine Neuprogrammierung.

Ein gutes Beispiel für mangelnde Portabilität sind die verschiedenen BASIC-Dialekte, die sich im Zuge der zunehmenden Verbreitung von Mikrocomputern entwickelt haben.

Die verschiedenen Dialekte haben nur noch die Grundbefehle für Zuweisung, Drucken usw. gemeinsam. Alle weitergehenden Sprachkonzepte sind von jedem Hersteller in eine andere Richtung entwickelt worden. Die Unterschiede sind so groß, daß eine Übertragung von Programmen nahezu unmöglich gemacht wird.

Zwar wurde auch BASIC vor wenigen Jahren standardisiert, jedoch deckte dieser Standard nur die sowieso selbst-

verständlichen Grundfunktionen ab. Alle zur universellen Einsetzbarkeit notwendigen Erweiterungen blieben den Herstellern überlassen, die hier verschiedene Lösungen für die gleichen Fragen fanden.
Erst in jüngster Zeit wird versucht, auch für BASIC einen umfassenden Standard zu definieren.

Anders sieht die Situation bei MUMPS aus. Hier wurde schon relativ frühzeitig ein Standard eingeführt, der alle wichtigen Funktionen umfaßt. Dieser Standard bezieht sogar die herstellerspezifischen Erweiterungen ein, indem er bestimmte Befehls-, Funktions- und Variablennamen dafür vorsieht.

Die wichtigste Gruppe von herstellerspezifischen Befehlsnamen bilden die Z-Befehle. Von ihnen wird nur verlangt, daß ihr Name mit Z beginnt. Wie er fortgesetzt wird, wie die Abkürzung lautet, welche Argumente zulässig sind und welche Wirkung sie haben, bleibt dem Hersteller überlassen.
In der Gruppe der Z-Befehle können beliebig viele Befehle zur Erweiterung der Sprache vorgesehen werden.
Ähnlich vage ist die Spezifikation des VIEW-Befehls. Dieser Befehl kann zur Anzeige und Manipulation maschineninterner Information benutzt werden. Auch hier sind wieder die zulässigen Argumente und deren Bedeutung dem Hersteller überlassen.
Alle noch nicht belegten Anfangsbuchstaben von Befehlsnamen sind für spätere, standardisierte Erweiterungen der Sprache vorgesehen und sollen nicht von den Herstellern für eigene Erweiterungen benutzt werden.

Entsprechend den Befehlen können auch Funktionen und spezielle Variablen um Namen erweitert werden, die mit $Z beginnen. Auch hier sind Abkürzungen und Bedeutungen vom Hersteller festzulegen.

In der Gruppe der Funktionen ist, wie auch bei den Befehlen, noch eine besondere Möglichkeit zum Zugriff auf maschineninterne Informationen vorgesehen. Dazu dient die Funktion $VIEW. Wieder sagt der Standard nichts über Anzahl und Bedeutung der Argumente aus.
Alle noch nicht belegten, von Z abweichenden Anfangsbuchstaben für Funktionen und spezielle Variablen sind reserviert für spätere standardisierte Erweiterungen und sollen nicht herstellerspezifisch belegt werden.

Wenn man portable, also übertragbare Programme schreiben will, sollte man die Benutzung der herstellerspezifischen Namen vermeiden. Das gleiche gilt für herstellerspezifische Teile von Befehlsargumenten. (siehe z.B. OPEN, USE, JOB, usw.).
Der BREAK-Befehl stellt hier einen Extremfall dar. Der Standard definiert seine Wirkung, wenn er ohne Argumente gegeben wird. Zusätzlich sieht der Standard jedoch implementierungsabhängige Argumente des Befehls vor. Die Verwendung eines solchen Arguments erschwert natürlich die Übertragbarkeit eines Programms.

Es gibt jedoch noch einen anderen Aspekt der Portabilität von Programmen. Er bezieht sich auf das Verhalten des MUMPS-Systems in Fällen, die im Standard nicht angegeben sind.
Ein Beispiel hierfür ist das Verhalten des Bildschirms nach Ausführung eines READ-Befehls. Bei manchen Systemen bleibt nach dem Drücken der Return-Taste der Cursor an seiner ursprünglichen Position stehen. Bei anderen Systemen wird er an den Zeilenanfang positioniert. Bei wieder anderen Systemen wird der Cursor an den Anfang der folgenden Zeile positioniert.

Daher sind Programme, die ein bestimmtes Verhalten des Rechners in diesen Fällen voraussetzen, nicht portabel. Bei dem oben erwähnten Beispiel des READ-Befehls könnte ein solches Programm voraussetzen, daß der Cursor an seiner Position stehen bleibt und automatisch eine unvollständige Eingabe ergänzen.
Es lassen sich noch viele weitere Beispiele finden, bei denen nicht allgemein gültige Annahmen die Übertragbarkeit von Programmen erschweren. Daher sollte man sich beim Schreiben eines portablen Programms auf den Sprachstandard und auf die Portabilitätsanforderungen stützen und nur die dort gemachten Aussagen voraussetzen.

In manchen Fällen läßt es sich nicht vermeiden, implementierungsspezifische Befehle zu verwenden. Hier empfiehlt es sich, diese Befehle in einem oder einigen wenigen Unterprogrammen zusammenzufassen.
Diese Unterprogramme sollten in der Dokumentation besonders hervorgehoben werden. Bei der Übertragung auf einen anderen Rechner müssen dann nur die wenigen, genau definierten Unterprogramme geändert werden, um das gesamte Programmsystem auf dem neuen Rechner funktionsfähig zu machen.

Zum Abschluß dieses Kapitels wollen wir auf die Beziehung zwischen Programmoptimierung und Portabilität eingehen.
Im allgemeinen bezieht sich die Optimierung eines Programms auf eine spezifische MUMPS-Implementierung. Daher bindet man sich durch die Optimierung an einen bestimmten Rechner.
Es ist nun durchaus möglich, daß die Maßnahmen, die kürzere Laufzeiten auf einem Rechner ermöglichen, bei der Übertragung auf einen anderen Rechner ungünstige Auswirkungen haben.

Daher sollte man bei jeder Optimierung eines portablen Programms sehr genau überlegen, ob die zugrundeliegenden Voraussetzungen allgemeingültig für alle MUMPS-Interpreter gelten.
Wir haben die Erfahrung gemacht, daß hier sehr oft die Eigenschaften der eigenen Maschine in unzulässiger Weise verallgemeinert werden.
Wenn man zu dem eben Gesagten noch berücksichtigt, daß Optimierungen meistens auf Kosten der Lesbarkeit von Programmen durchgeführt werden, ist es oft empfehlenswert, auf die Optimierung von Programmen komplett zu verzichten.

E MUMPS auf Mikrocomputern

Die technologische Entwicklung, die es ermöglichte, immer mehr elektronische Funktionen auf immer kleinerem Raum zusammenzufassen, hat dazu geführt, daß die Rechenleistung der ersten elektronischen Rechner, die noch ganze Räume füllten, heute bereits von Mikrocomputern erreicht wird.
In ihren prinzipiellen Möglichkeiten sind die Mikrocomputer sogar mit ihren größeren Brüdern wie Mini- und Großrechnern vergleichbar. Sie unterscheiden sich nur durch die Geschwindigkeit der Ausführung von Programmen und durch die unterschiedlichen Speicherkapazitäten.
Der Anwendungsbereich von Mikrocomputern läßt sich ähnlich charakterisieren wie eines der Hauptanwendungsgebiete von MUMPS: Kleine, flexible Systeme zur Datenhaltung und -manipulation. MUMPS fordert nur einen verhältnismäßig kleinen Hauptspeicher, den die meisten Mikrocomputer bieten können.
Daher lag es nahe, auch auf Mikrocomputern Interpreter für die Sprache MUMPS zu implementieren. Für diese Interpreter gilt der gleiche Standard, wie er für die Implementierungen auf Mini- und Großrechnern gilt. Also darf sich das Verhalten von Programmen, die auf einem der Rechnertypen entwickelt sind, nicht ändern, wenn sie auf Rechnern der anderen Klassen benutzt werden.
Auf der Ebene der höheren Programmiersprache MUMPS besteht kein Unterschied mehr zwischen den Rechnern unterschiedlicher Klassen oder unterschiedlicher Hersteller.
Es kann jedoch sein, daß bestimmte Befehle bei der Verwendung von Mikrocomputern nicht mehr sinnvoll sind. Zum

Beispiel sind viele Mikrocomputer für den Einbenutzerbetrieb ausgelegt. In dieser Umgebung ist natürlich die Verwendung des LOCK-Befehls nicht sinnvoll, da es keinen anderen Prozeß geben kann, der gleichzeitig Zugriffsrechte auf eine Variable beansprucht.
Auch einige andere MUMPS-Sprachelemente, wie zum Beispiel die spezielle Variable $JOB, zielen auf die Verwendung in einem Mehrbenutzersystem ab und ergeben bei Einbenutzersystemen keinen Sinn.

Es gibt heute viele verschiedene Mikroprozessortypen, auf denen eine noch größere Anzahl Mikrocomputertypen aufbaut, bei denen die Mikroprozessoren in eine Umgebung eingebettet sind, die ihre sinnvolle Anwendung ermöglicht.
Es ist nahezu unmöglich, für alle auf dem Markt befindlichen Mikrocomputer MUMPS-Implementierungen zur Verfügung zu stellen. Jedoch bietet sich die Möglichkeit an, durch die Verwendung von einheitlichen Betriebssystemen auf vielen verschiedenen Rechnern die gleiche Schnittstelle zu schaffen, sodaß die Interpreter nicht mehr auf einzelne Rechner angepaßt werden müssen, sondern nur auf die verschiedenen Betriebssysteme.

Im Laufe der Zeit wurde das Betriebssystem CP/M immer häufiger benutzt. Dieses System wird heute für die meisten verbreiteten Rechner angeboten. Selbst für die Mikrocomputer, die nicht auf der dem CP/M zugrundeliegenden Z80- oder 8080/8085-Cpu basieren, werden häufig Erweiterungen angeboten, die einen der genannten Mikroprozessoren enthalten und den Einsatz von CP/M ermöglichen.
Wegen der weiten Verbreitung von CP/M wollen wir hier beispielhaft auf eine MUMPS-Implementierung für CP/M

eingehen. Es ist dies der von der Mumps Users' Group zu einem sehr günstigen Preis erhältliche Interpreter, der an der University of California in Davis von Prof. R. Walters und Steve Johnson entwickelt wurde. Er trägt den Namen 'MicroMUMPS'. Im Rahmen seines einjährigen Aufenthaltes in Deutschland an der Universitätsklinik Frankfurt hatte Steve Johnson die Gelegenheit, die Entwicklung von MicroMUMPS weiter zu betreiben.
Diese Implementierung ist aus den oben genannten Gründen nicht nur beispielhaft für den Einsatz von MUMPS auf Mikrocomputern, sondern kann ebenso als Beispiel für eine Implementierung auf größeren Rechnern dienen. Es werden hier größtenteils die gleichen oder ähnliche Spracherweiterungen verwendet, wie sie auch in DSM (Digital Standard MUMPS), der am häufigsten benutzten Implementierung von MUMPS auf Minicomputern, benutzt werden.
Wir wollen hier die implementierungsabhängigen Verhaltensweisen der genannten Installation beschreiben. Das sind die Befehle oder Teile von Befehlen, die nicht im Standard definiert sind und daher im übrigen Teil dieses Manuskripts nicht berücksichtigt werden konnten.

Nachdem CP/M einmal in einer von Rechner zu Rechner unterschiedlichen Art geladen wurde, wird der Interpreter durch die Eingabe des Wortes 'MUMPS' gestartet. Er wird als erstes nach dem laufenden Datum und der Uhrzeit fragen, da diese Parameter für die spezielle Variable $HOROLOG benötigt, aber von CP/M nicht bereitgestellt werden.
Nach einer kurzen identifizierenden Meldung erscheint der Prompt, der bei dieser MUMPS-Version durch das 'Größer-Zeichen' (>) dargestellt wird. Jetzt kann der MUMPS-Interpreter wie gewohnt benutzt werden. Eine Sitzung

wird mit dem Befehl HALT beendet. Wenn man den Rechner ausschaltet, ohne HALT gegeben zu haben, können schon durchgeführte Änderungen von Globals verloren gehen.
Nach Erscheinen des Prompts können MUMPS-Befehle im Direktmodus eingegeben werden. Insbesondere können mit dem DO-Befehl Programme gestartet werden. Wie aber kann man selbst Programme abspeichern? Der Standard sagt hierüber nichts aus.
MicroMUMPS erkennt Zeilen, die abgespeichert werden sollen, daran, daß ihr 'line start indicator', also das Zeichen, das Label und Programmzeile trennt, ein Tab-Zeichen (an manchen Terminals Control-I) ist.
Wenn in der Eingabe ein Tab-Zeichen nach dem Label oder - wenn kein Label vorhanden ist - am Zeilenanfang auftaucht, wird die Zeile nicht direkt ausgeführt, sondern im Routine-Speicher abgelegt. Wenn schon mehrere Zeilen abgespeichert sind, wird die Position der neuen Zeile in der vorhandenen Routine durch einen Textzeiger festgelegt, der die Zeile einer Routine bezeichnet, die gerade geändert werden soll. Die genaue Beschreibung des Verhaltens dieses Textzeigers würde in diesem Zusammenhang zu weit führen. Wir verweisen daher auf das zusammen mit MicroMUMPS versandte Benutzermanual.

Wenn man ein Programm im lokalen Routinespeicher fertiggestellt hat, kann man es mit dem ZSTORE-Befehl auf der Platte festhalten. Andernfalls würde es überschrieben, wenn eine andere Routine geladen wird. Der ZSTORE-Befehl ist ein Beispiel für einen implementierungsspezifischen Z-Befehl. Es wird ihm der Name, den die Routine bekommen soll, als Argument übergeben.

Das Gegenstück zu ZSTORE ist ZLOAD. Mit diesem Befehl kann eine Routine in den Routinespeicher geladen werden,

ohne ihr die Programmsteuerung zu übergeben (das würde bei Verwendung des Befehls DO ^... geschehen). Wenn man ein Programm geladen hat, kann man sie mit ZPRINT auflisten oder modifizieren. Dazu stehen Befehle wie ZINSERT, ZMOVE und ZREMOVE zur Verfügung. Die geänderte Version muß wieder mit ZSTORE abgespeichert werden.
Natürlich gibt es auch einen Befehl, um Routinen von der Platte zu löschen. Das geschieht mit ZDELETE.

Die Z-Befehle sind nicht die einzigen implementierungsabhängigen Befehle, die MUMPS kennt. Ein Beispiel ist BREAK. Der Standard erlaubt ein Argument, das jedoch nicht weiter spezifiziert wird. In MicroMUMPS wird das BREAK-Argument bei der Bearbeitung des Befehls ausgegeben. Das bietet die Möglichkeit einer Identifikation des Befehls, die dann sehr nützlich sein kann, wenn mehrere BREAK-Befehle in einem Programm enthalten sind.
Auch der Befehl zur Fortsetzung der Programmabarbeitung nach einem BREAK ist im Standard nicht definiert. MicroMUMPS benutzt hierzu den ZGO-Befehl.

Der VIEW-Befehl wird in MicroMUMPS zur Ausgabe verschiedener Listen benutzt. So liefert VIEW 0 (oder einfach VIEW) eine Liste aller definierten lokalen Variablen mit ihren Werten. VIEW 1 listet zusätzlich noch indizierte lokale Variablen mit ihren Indizes auf.
VIEW 2 erzeugt eine Liste der definierten globalen Variablen, während VIEW 3 eine Liste der auf der Platte gespeicherten Routinen ausgibt.

Bei der Auslieferung von MicroMUMPS ist nicht nur der eigentliche Interpreter auf der Floppy enthalten, sondern auch noch eine Reihe von sehr nützlichen in MUMPS geschriebenen Dienstprogrammen. Wir wollen hier die wichtigsten kurz vorstellen.

Wie schon an anderer Stelle dargestellt, erlauben die Befehle zum Verändern von Programmen nur sehr beschränkte und teilweise mühselige Editierungsoperationen. Abhilfe schafft das Programm %EDIT. Damit können Programmänderungen komfortabler und flexibler durchgeführt werden.
Das Programm selbst wird nur einmal nach der Installation von MUMPS aufgerufen. Es erzeugt einen Global namens ^%, der das eigentliche Editierungsprogramm enthält. Es wird mittels XECUTE ^% aufgerufen und unterstützt die Editierung des im Routinebuffer befindlichen Programms.

Um einiges weniger komplex aufgebaut ist das Programm %DATE. Es dient zur Konvertierung des in der speziellen Variablen $HOROLOG enthaltenen Datums in eine klar lesbare Form. Das Ergebnis wird in die Variable %DT gestellt.
Zur Programmdokumentation ist %INDEX sehr nützlich. Es erstellt eine Querverweisliste, die angibt, welche Variable an welcher Stelle in welcher Routine angesprochen wurde. Dieses Programm benutzt diverse andere Routinen als Unterprogramme, deren Namen wir hier nicht alle anführen wollen. Gleichzeitig mit der Erstellung der Querverweisliste wird eine Überprüfung der Syntax der untersuchten Programme durchgeführt. Daher ist %INDEX auch als Hilfsprogramm zur Programmverifikation sehr nützlich.

Wir wollen im folgenden kurz beschreiben, wie ein Interessent, der bereits ein CP/M-System besitzt, die Micro-MUMPS Software bekommen kann.
Er muß bereits Mitglied der MUG Europe sein (oder werden). Dann kann er von der MUG Europe (Adresse im An-

hang) einen Vertrag anfordern, den er mit den individuellen Daten seines Rechners ausfüllt und unterschrieben zurückschickt. Nach Eingang der Zahlung erhält er eine Floppy mit der für sein System geeigneten Software sowie die notwendige Dokumentation.
Zu erwähnen bleibt noch, daß MicroMUMPS sehr günstig erhältlich ist, da es im öffentlichen Bereich entwickelt wurde und nur die Vervielfältigungskosten zu bezahlen sind.

Anhang

Übersicht über Befehle

BREAK

BREAK B:COND	BREAK suspendiert die Ausführung des gerade laufenden Programms solange, bis ein (herstellerabhängiges) spezielles Signal empfangen wird. Auch die Angabe von Argumenten ist herstellerspezifisch.

CLOSE

CLOSE "DEV",3 C:BED>3 GER C TTY:(Geräteparameter)	CLOSE kann mit und ohne Argument benutzt werden. In der Form mit Argument werden alle als Argument(e) angegebenen, in der Form ohne Argument alle Geräte geschlossen. Der Wert von $IO kann dann undefiniert sein. Dem Argument können herstellerabhängige Geräteparameter folgen. Postconditionalisierung des Befehls und Indirektion sind erlaubt.

DO

DO ROUT,PROG D ^MOD,A1^MOD1 D:A=1 PROG:T=1 D @NAM^@B:Z=5,LAB+B/5	DO führt die in seiner Argumentliste aufgeführten lokalen oder globalen Programme (erkennbar am Zirkumflex) aus. Postcondition des Befehls und der Argumente sind erlaubt. Die Angabe eines Offsets und Indirektion sind gestattet.

ELSE

ELSE	ELSE erlaubt die bedingte Ausführung einer Programmmzeile in Abhängigkeit von dem Testschalter $T. Der dem ELSE folgende Teil der Programmzeile wird nur ausgeführt, wenn $T den Wert 0 hat. ELSE hat keine Argumente. Postconditionalisierung ist nicht erlaubt.

FOR

```
FOR I=1:1:10
F J=-9:2:5,7,19,36:5:90
F K="A","BB",1:2:11,VAR
F L=1:1
F @L=@A:@B:@C
```

Der FOR-Befehl bewirkt die wiederholte Exekution des diesem Befehl folgenden Teils der Programmzeile. Es gibt den Befehl in drei Formaten. Im Bereichsformat wird eine Laufvariable von einem Startwert an jeweils um das Inkrement erhöht, bis ein Endwert erreicht ist. Im Ausdrucksformat wird einer lokalen Variable eine Liste von Werten zugeordnet. In der dritten Form wird der Endwert nicht spezifiziert. QUIT und GOTO beenden jede Form einer FOR-Schleife, jedoch QUIT nur die innerste Schleife einer geschachtelten Konstruktion. Postconditionalisierung ist nicht erlaubt. Die Argumentindirektion ist nicht gestattet, jedoch die Namensindirektion für Variablennamen. Die Laufvariable kann in der Schleife verändert werden, jedoch nicht die FOR-Parameter (Start- und Endwert, Inkrement).

GOTO

GOTO ^A G LAB+5^PROG:T=1 G:T A:S=1,B:S=2 G @P:T=1,@A^@B:T=2	GOTO unterbricht die sequentielle Ausführung der Programme, und verzweigt entweder zu einer Zeile desselben Programms, oder zu einer Zeile eines anderen Programms, jeweils ohne Rückkehr. Indirektion und Postconditionalisierung des Befehls und der Argumente sind erlaubt.

HALT

HALT H:ABBRUCH	Mit HALT wird der aktuelle MUMPS-Prozeß beendet. Zuvor wird automatisch ein LOCK und CLOSE jeweils ohne Argument durchgeführt. HALT hat kein Argument und unterscheidet sich dadurch vom HANG-Befehl.

HANG

HANG 10 H:T=1 B/4,11.7 H @I	HANG unterbricht die Ausführung des aktuellen Prozesses für eine im Argument angegebene Anzahl von Sekunden. Postcondition des Befehls und Indirektion sind erlaubt. Soll das Programm portabel sein, muß das Argument ganzzahlig sein.

IF

IF T=1 I S=1,U="JA" I I @C!@D	IF erlaubt die bedingte Ausführung einer Programmzeile. IF in der argumentlosen Form führt den Rest der Zeile nur aus, wenn $T=1 ist. In der Form mit Argument wird der Rest der Zeile dann ausgeführt, wenn die logische Interpretation des Arguments wahr (also 1) ist. Der Wert von $T kann verändert werden. Argumentindirektion kann benutzt werden. Die Postcondition ist nicht erlaubt.

JOB

JOB ^A J B,A1^PROG J:G="WAHR" J1::10 J @VAR:(JOB-Parameter)	JOB bewirkt, daß einer oder mehrere parallele MUMPS-Prozesse vom aktuellen Programm gestartet werden. Als Argument wird der Einsprungpunkt einer Routine angegeben. Postconditionalisierung des Befehls, die Argumentindirektion und die Angabe eines Timeouts sind möglich. Herstellerabhängige Prozeßparameter stehen in Klammern.

KILL

```
KILL
K A,B,^C
K A(1,3)
K (V1,V2,V3)
K:BED P1,P2,@VAR@(IND)
```

In der argumentlosen Form löscht KILL alle lokalen Variablen, in der selektiven Form nur die, die als Argumente angegeben sind und in der exklusiven Form alle außer denen, die in Klammern stehen. Ein KILL auf einen Knoten einer indizierten Variablen bewirkt das Löschen des Knotens und aller Nachfolger. Globale Variablen können nur mit der selektiven Form gelöscht werden. Indirektion und Postconditionalisierung sind erlaubt. KILL kann $DATA verändern.

LOCK

```
LOCK
L A,^G
L A(1,2)
L (B,C,^H):10
L SUB(I,12),@I,@U@(S)
```

LOCK wird vorwiegend zum Sperren von globalen Variablen benutzt,um sie als Eigentum eines MUMPS-Programms zu deklarieren. Ein LOCK entsperrt immer alle früher gesperrten Variablen, während LOCK mit geklammerten Argumenten alle angegebenen Variablen zusammen sperrt. Indirektion und Timeout sind erlaubt. Der 'naked Indikator' wird nicht verändert. Der LOCK auf einen Knoten einer indizierten Variablen bewirkt das Sperren dieses Knotens und aller Nachfolger. Nachbarknoten sind nicht betroffen.

OPEN

```
OPEN DEV
O 3,PRNT::TIME
O:'CLOSED @BAND
O TERM:(Parameter):20
```

Der OPEN-Befehl dient zum Öffnen eines Geräts. Seine Ausführung bewirkt die logische Verbindung zwischen Programm und Gerät. Er reserviert das Gerät für dieses eine Programm. Timeout und Indirektion sind gestattet, ebenso Postconditionalisierung des Befehls. Herstellerabhängige Angaben stehen in Klammern.

QUIT

QUIT Q:T=10	QUIT beendet die jeweils innerste FOR-Schleife, sowie Programmteile, die mit DO oder XECUTE aufgerufen wurden. QUIT enthält kein Argument. Postconditionalisierung darf benutzt werden.

READ

READ X R "Wohnort--",WO R *Z,*A R:$D(G) !,"Daten?-",D:10 R @A#15:10	READ weist lokalen Variablen von einem Eingabegerät aus Werte zu. Ein Stern vor dem Namen bewirkt die Interpretierung des Eingabewertes als ASCII-Code. Timeout ist ebenso erlaubt, wie Indirektion und Postconditionalisierung. Die Angabe einer Längenbegrenzung der Eingabe ist möglich.

SET

```
SET X=5
S ^FILE=3,NEU(1)="ABC"
S:A>0 (I,J,K)=1
S ^A(5)=1,C(^(3))=0
S @A=@B+1
S $PIECE(V,"*",3)="A"
S:X=3 X=4.5
S X=X=3*1.5+X
```

SET ist neben READ die einzige Möglichkeit, Variablen Werte zuzuweisen. Eine Zuweisung eines Wertes an mehrere Variablen wird durch Klammerung der Variablen erreicht. Postconditionalisierung und Indirektion sind erlaubt. Grundsätzlich wird der zuzuweisende Ausdruck rechts des Gleichheitszeichens zuerst berechnet, es sei denn, es erscheinen Indizes auf der linken Seite. Die konkrete Auswertung des Befehls kann sehr unüberschaubar werden, wenn 'naked reference' benutzt wird. Will man Teile eines Strings ersetzten, benutzt man SET $PIECE. Die beiden letzten Beispiele sind äquivalent.

USE

```
USE 3
U:STATUS="OPEN" GER
U 3:(Geräteparameter)
U @GER
```

USE wird in Verbindung mit dem OPEN-Befehl benutzt, um ein Gerät zum aktuellen Ein-Ausgabegerät zu machen. Herstellerabhängige Geräteparameter sind möglich. Postconditionalisierung und Indirektion sind erlaubt.

VIEW

VIEW (Argumente)	VIEW gibt den Herstellern die Möglichkeit, implementierungsabhängige Abfragen zu gestatten. Die Verwendung dieses Befehls ist strikt herstellerabhängig, und sollte bei portablen Programmen nicht verwendet werden.

WRITE

WRITE "HALLO" W #!?10,*7 W:'T A,B,!!,C+T/5_S W @A,@@V	Der Write-Befehl dient zum Ausgeben von Texten auf das Hometerminal oder dem mit USE spezifizierten Gerät. Ein * signalisiert die Ausgabe des ASCII-Äquivalents. Die Formatkontrolle ist mit #,!,? möglich. Indirektion und Postconditionalisierung ist möglich.

XECUTE

```
XECUTE A,^B
X "S X=1"
X:T["abc" T(I,2)
X @A_"X @B"
```

Der XECUTE-Befehl dient zum Ausführen einer Zeichenkette als einzeiliges Unterprogramm. Geschachtelte X-Konstrukte sind ebenso erlaubt, wie die Verwendung der Postcondition beim Befehl und den Argumenten und die Indirektion. Ein QUIT beendet XECUTE.

Z

```
Z_(herstellerabhängig)
```

Z-Befehle sind herstellerabhängige Erweiterungen des MUMPS-Befehlssatzes, die nicht bei portablen Programmen benutzt werden sollten.

Übersicht über Funktionen

$ASCII

```
W $ASCII("A")
65
W $A("ABC",3)
67
W $A("")
-1
```

$ASCII wählt aus einem String ein Zeichen, und gibt den ASCII-Code dieses Zeichens. Das zweite Argument gibt die Position des Zeichens an. Fehlt es, wird das erste Zeichen der Zeichenkette genommen.

$CHAR

```
W $CHAR(65)
A
W $C(65,66)
AB
W $C(-1)
 (der Leerstring)
```

$CHAR ist die inverse Funktion zu $A. Aus einer ganzen Zahl wird das Zeichen, dessen Zeichencode sie repräsentiert. Negative Argumente sind zugelassen, ergeben aber keinen Wert.

$DATA

W $DATA(D(5,6)) 0, 1, 10, oder 11	$DATA gibt eine Zahl, die angibt, ob eine als Argument angegebene lokale oder globale Variable existiert und welche Datenstruktur vorliegt. Ist das Ergebnis eine 0 oder 10, enthält der Knoten keine Daten, im letzten Fall hat er aber Nachfolger. Ist das Ergebnis 1 oder 11, enthält er Daten und hat im letzten Fall einen Nachfolger.

$EXTRACT

W $EXTRACT("ABC") A W $E("XYZ",2) Y W $E("AABB",2,3) AB	$EXTRACT übergibt einen Teilstring des ersten Arguments der Funktion, dessen Anfang und Ende durch das 2. und 3. Argument festgelegt wird. Sind diese nicht spezifiziert, wird das 1. Zeichen extrahiert.

$FIND

```
W $FIND("ABC","A")
2
W $F("XYZ","T")
0
W $F("ABABAB","AB",3)
5
```

$FIND übergibt die Endposition eines Suchstrings plus 1 innerhalb einer Zeichenkette. Wird dieser Suchstring nicht gefunden, ist der Wert der Funktion 0. Ein dritter Parameter gibt die Position, ab der gesucht werden soll. Die Position der leeren Zeichenkette "" ist stets 1.

$JUSTIFY

```
W $JUSTIFY(12,3)
 12
W $J("Text",10)
      Text
W $J(12,3,2)
12.00
W $J(3.14,1,0)
3
W $J(0.414,6,3)
 0.414
```

$JUSTIFY ermöglicht das rechtsbündige Ausrichten von Datenfeldern, sowie die Angabe, wie eine Zahlenangabe auszusehen hat. Der 2. Parameter gibt die Länge der Ausgabe an. Unterschreitet diese Angabe die Länge des Datenfeldes, bleibt es unverändert. Das 3. Argument spezifiziert die Formatierung von numerischen Datenelementen. Damit ist die Rundung von Zahlen möglich. Führende Nullen werden unterdrückt, es sei denn, die Zahl liegt zwischen 1 und -1.

$LENGTH

```
W $LENGTH("ABCD")
4
W $L("")
0
W $L("AB CD EF"," ")
3
```

$LENGTH gibt die Länge einer Zeichenkette. Die Länge des Leerstrings ist 0. Die Angabe einer Zeichenkette als 2. Argument bewirkt die Übergabe der Häufigkeit ihres Vorkommens plus 1 im Gesamtstring.

$NEXT

```
S V("A")=1 W $N(V(-1))
A
```

Die Funktionen $NEXT und $ORDER sind in ihrer Wirkungsweise völlig gleich, bis auf den Start- und Endwert von $N, der -1 beträgt. $N wurde zur Aufwärtskompatibilität beibehalten, nachdem beliebige Zeichenketten als Indizes zugelassen wurden.

$ORDER

S (A(-1),A(0))=1	Mit $ORDER ist man in der Lage,
S (A(1),A("Z"))=1	sämtliche Indizes einer
W $ORDER(A(""))	indizierten Variablen gemäß
-1	der Sortierreihenfolge zu
W $O(A(-1))	ermitteln. Der Start- und
0	Endwert ist der Leerstring. Man
W $O(A(1))	beachte, daß der 'naked
Z	indicator' verändert werden
W $O(A("Z"))	kann.
(leere Zeichenkette)	

$PIECE

S V="ABC\XYZ\123"	$PIECE sucht nach einem Teil-
W $PIECE(V,"\")	string (2.Argument) in einem
ABC	gegebenen String (1.Argument),
W $P(V,"\",2)	und liefert die Zeichenkette
XYZ	bis zu diesem Teilstring. Wird
W $P(V,"\",2,3)	der Teilstring nicht gefunden,
XYZ\123	ist das Ergebnis ein Leerstring
S $P(V,"\",2)="xyz" W V	Die Angabe eines 3. und 4.
ABC\xyz\123	Arguments spezifiziert die
(vergl. auch SET-Befehl)	Position der Zeichenkette.

$RANDOM

W $RANDOM(10)	Ist das Argument von $RANDOM n,
5	dann liefert die Funktion eine
	ganzzahlige Zufallszahl im
	Bereich 0 bis n-1.

$SELECT

```
S A=1
W $SELECT(A=1:5,A>1:0)
5
W $S(A=2:5,1:0)
0
```

Jedes Argument von $SELECT ist ein geordnetes Paar von 1. einem logischen Ausdruck und 2. einem Ausdruck, getrennt durch einen Doppelpunkt. Die Interpretation der Argumente wird von links nach rechts ausgeführt bis ein logischer Ausdruck wahr ist. $S liefert dann den Wert rechts des Doppelpunktes.Mindestens ein logischer Ausdruck muß wahr sein.

$TEXT

```
W $TEXT(+0)
ROUT
W $T(+5)
 READ X WRITE X+1
W $T(LAB)
LAB READ B
W $T(LAB+1)
 SET A=3
```

$TEXT(+0) liefert den Namen des aktuellen Programms. Ist das Argument eine positive ganze Zahl mit einem führenden Pluszeichen, wird die entsprechende Programmzeile des Programms ausgegeben. Im anderen Fall ist das Argument eine Zeilenreferenz (Label oder Label plus Offset), wobei $TEXT den Inhalt dieser Zeile übergibt. Existiert die Zeilenreferenz nicht, ist das Ergebnis ein Leerstring

$VIEW

$VIEW(Argument implementierungsabhängig)	$VIEW ist eine herstellerabhängige Funktion, die dem Programm systemabhängige Daten übergibt. Portable Programme sollten $V nicht enthalten.

$Z

$Z_(Rest des Namens und Argument herstellerabhängig)	Jede zusätzliche, nicht im Standard enthaltene Funktion, die ein Hersteller definiert, soll mit $Z beginnen. Portabel geschriebene Programme sollten von diesen Erweiterungen keinen Gebrauch machen.

Übersicht über spezielle Variablen

$HOROLOG

```
W $HOROLOG
51797,57754
W $P($H,",",2)
57800
```

$HOROLOG enthält das Datum und die Uhrzeit in Form von 2 Zählern, die durch ein Komma getrennt sind. Der erste Zähler gibt die Anzahl von Tagen seit dem 1.Januar 1841, der 2. Zähler die Anzahl der Sekunden seit Mitternacht.

$IO

```
U "TERM" S X=$IO W X
TERM
```

$IO gibt den Namen des aktuell benutzten Ein- oder Ausgabegerätes an. $IO wird oft benutzt, um temporäre Dateien eindeutig zu indizieren.

$JOB

```
W $JOB
1024
```

$JOB enthält eine positive ganze Zahl, die jeden laufenden MUMPS-Prozeß eindeutig identifiziert. $JOB kann zur eindeutigen Indizierung von globalen Variablen benutzt werden.

$STORAGE

W $STORAGE 769	$STORAGE ist ein Maß für die Größe des noch zur Verfügung stehenden Speicherplatzes. $S ist stark herstellerabhängig.

$TEST

IF A=5 S X=1 W $TEST 1 (falls A gleich 5) 0 "FLOPPY"::10 W $T 1 (falls FLOPPY in 10 sek. offen)	$TEST enthält den Wert des zuletzt berechneten Testschalters. $T wird gesetzt bei IF mit Argument, sowie bei den Befehlen OPEN, LOCK, READ und JOB mit Timeout. Argumentloses IF und ELSE verändern den Wert von $T nicht.

$X

W ?5,$X 5	$X gibt die Position des Zeichens an, das innerhalb einer Zeile als nächstes gedruckt wird. Am Zeilenbeginn hat $X den Wert 0. Formfeed und Linefeed setzen den Wert von $X auf 0.

$Y

W #!!!,$Y 3	$Y enthält die vertikale Position des aktuellen Ein-Ausgabegerätes an. Die erste Zeile ist als 0 definiert. Ein Formfeed setzt $Y auf 0. Jedes nachfolgende Linefeed erhöht den Wert von $Y um 1.

$Z

	Jede herstellerspezifische Erweiterung der speziellen Variablen muß mit $Z beginnen. Programme, die herstellerunabhängig sein müssen, sollten $Z nicht benutzen.

Übersicht über Operatoren

In MUMPS sind folgende Operatoren definiert:

Zweistellige Stringoperatoren

_	Konkatenation

Stringvergleichsoperatoren

=	Gleichheit	]	Folgt
[	Enthält	?	Mustervergleich

Logische Vergleichsoperatoren und der NICHT-Operator

&	UND	!	ODER
'	NICHT		

Arithmetische Vergleichsoperatoren

<	Kleiner	>	Größer

Zweistellige arithmetische Operatoren

+	Addition	-	Subtraktion
*	Multiplikation	/	Division
#	Restdivision	\	Ganzzahldivision

Einstellige arithmetische Operatoren

+	Plus	-	Minus

Der Wertebereich eines Operators hängt von seinem Typ ab. Arithmetische Operatoren sind auf numerischen Werten definiert, Vergleichsoperatoren auf Booleschen Werten und Stringoperatoren auf beliebigen Zeichenketten. Bezüglich der Interpretation von Werten gibt es folgende generelle Regel: alle Booleschen Werte sind als ganze Zahlen interpretierbar, alle ganzen Zahlen als numerische Werte und alle numerischen Werte als Zeichenketten. Umgekehrt können Zeichenketten mit dem in Kapitel 1.5.2 angegebenen Regeln als numerische Werte und numerische Werte als Boolesche Werte interpretiert werden.

Der NICHT-Operator hat bezüglich einer beliebigen Vergleichsoperation <op> folgende generelle Wirkung:

```
A'<op>B   ist äquivalent  '(A<op>B).
```

Zwischen den zweistelligen und den Vergleichsoperatoren gibt es keine Hierarchie. Hier gilt die strikte links-nach-rechts Abarbeitung.

Konkatenation

Die Wirkung dieser Operation besteht im Zusammenketten zweier Zeichenketten zu einem einzigen String.

Sei X="12"

Ausdruck	**Wert**
"AB"_"CD"	ABCD
"AB"_X	AB12
"AB"_""	AB

3_4	34
2*3_4	64
2*(3_4)	68

Stringvergleichsoperatoren

Der Vergleichsoperator = vergleicht zwei Zeichenketten auf Gleichheit, der Enthält-Operator [entscheidet, ob die rechte Zeichenkette in der linken enthalten ist und der Folgt-Operator] entscheidet, ob der linke Operand dem rechten in der lexikografischen Reihenfolge folgt.

Sei X=3,Y="A",Z="3.0"

Ausdruck	**Wert**
X=A	0
X=Z	0
Z=(X_".0")	1
"ABC"[Y	1
X_Y[3	1
X[Y_3	03
X]Y	0
Y]X	1
Z](X=Y)	1

Mustervergleich

Der Mustervergleich entscheidet, ob eine vorgegebene Zeichenkette dem Muster entspricht, das rechts neben dem

Operator angegeben ist. Das Muster besteht aus einem Wiederholungsfaktor und der Angabe, aus welcher Zeichenmenge des ASCII-Zeichensatzes es besteht. Neben der Abfrage auf Zeichenarten kann auf das Vorhandensein von festen Zeichenketten geprüft werden, indem man diese im Vergleichsteil in Anführungszeichen setzt.

Zuweisung	**Ausdruck**	**Wert**
SET G="12.12.82"	G?.N	0
	G?6N	0
	G?2N1P2N1P2N	1
	G?.NP	1
	G?.N1"."5NP	1
	G?.9E	0
SET N="texttext"	N?.L	1
	N?2"TEXT"	0
	N?2"text"	1
	N?1.10L	1
	N?1"text"3.L	1
SET C=*7_"A"	C?1C1U	1
	C?1.5CUL	1
	C?3.E	0

Logische Vergleichsoperatoren

Die logische UND-Verknüpfung (&) ist genau dann wahr, wenn beide Operanden wahr sind, die ODER-Verknüpfung (!) ist wahr, wenn wenigstens ein Operand wahr ist. Der NICHT-Operator als einstelliger logischer Operator konvertiert den logischen Wert seines Operanden in das logische Gegenteil. Der NICHT-Operator ' kann in Verbindung mit allen arithmetischen Vergleichsoperatoren und Stringvergleichsoperatoren benutzt werden.

Sei L=0,M=1

Ausdruck	**Wert**
(L=1)&(M=1)	0
(L=1)!(M=1)	1
'(L=1)&(M=1)	1
L=1'&(M=1)	1
L=0&'M'=1	1

Arithmetische Vergleichsoperatoren

Diese beiden Operatoren vergleichen zwei numerische Werte auf größer oder kleiner. Bei diesen Vergleichen werden die Operanden zunächst in numerische Werte konvertiert, ehe der Vergleich ausgeführt wird.

Sei Y=12,Z=15

Ausdruck	**Wert**
Y<Z	1
Z>"1.6E1"	0
Z'>Y_Z	015
Y=Z<Y<Z	1

Zweistellige arithmetische Operatoren

Neben den vier Grundrechnungsarten gibt es bei den arithmetischen Operatoren noch die Ganzzahldivision \ und die Restdivision #.

Sei A=5,B=7,C=10

Ausdruck	Wert
A+B	12
A*B-C	25
C/A	2
2+A*B	49
2+(A*B)	37
B#A	2
C#A	0
9.123\1	9
C\3	3

Einstellige arithmetische Operatoren

Diese Operatoren forcieren die numerische Interpretation des Operanden. Im Falle des Minus-Operators wird das Vorzeichen konvertiert.

Ausdruck	Wert
+"abc"	0
+"123abc"	123
-"--6"	-6
5--'"0"	6

Übersicht über den neuen Sprachstandard

Dieser Anhang dient der schnellen Übersicht über die Möglichkeiten des neuen ANS MUMPS Sprachstandards. Dieser Teil des Anhangs gliedert sich sich in 3 Abschnitte, die die Bereiche Befehle, Funktionen und sonstige Änderungen betreffen. Es wird keine komplette Erklärung der Befehle und Funktionen angestrebt, sondern es werden nur die Teile vorgestellt, die von dem neuen Standard betroffen sind.
Für eine ausführliche Erklärung verweisen wir auf den Text, wo der neue Standard vollständig berücksichtigt wurde.

Neuerungen oder Änderungen bei den Befehlen

JOB

Der JOB-Befehl startet einen separaten MUMPS-Prozeß. Implementierungsabhängige Parameter werden von der Angabe des Programms durch Doppelpunkt getrennt.
Dieser Befehl war bisher in vielen Installationen herstellerspezifisch mit ZJOB realisiert.

Beispiele

```
JOB ^NEUPROG
JOB ^NEUPROG:(PAR1:PAR2):TIMEOUT
```

READ

Die Angabe einer Längenbegrenzung der Eingabe ist durch das Symbol # nach der Eingabevariablen möglich. Ein möglicher Timeout-Parameter folgt dieser Begrenzung.

Beispiele

```
READ ANT#10
READ ANT#10:15
```

SET

Ersetzen oder Einfügen von Teilzeichenketten, die durch Trennzeichen voneinander getrennt sind, können mit der linksseitigen Form von $PIECE vorgenommen werden.

Beispiele

Sei A="A\B\C"

```
SET $PIECE(A,"\",2)="XX"  Ergebnis  A="A\XX\C"
SET $PIECE(A,"\",5)="XX"  Ergebnis  A="A\B\C\\XX"
```

Die Variable B sei nicht definiert.

```
SET $PIECE(B,"\",4)="ZZ"  Ergebnis  B="\\\ZZ"
SET $PIECE(B,"=",8)=""    Ergebnis  B="======="
```

Neuerungen bzw. Änderungen bei den Funktionen

$ASCII und $CHAR

Im Hinblick auf den nationalen japanischen Zeichensatz sind Zeichencodes größer als 127 zugelassen worden.

$DATA

$DATA(VAR(IND))>1 heißt jetzt, daß die indizierte Variable VAR(IND) mindestens einen Nachfolger hat. Angenommen die Variable VAR(1,2) sei definiert, VAR(1) dagegen nicht. In einigen MUMPS-Implementierungen hatte ein KILL VAR(1,2) zur Folge, daß $DATA(VAR(1)) den Wert 10 hatte. Nunmehr ist der Wert von $DATA(VAR(1)) gleich 0.

$EXTRACT

Die Angabe eines einzigen Funktionsparameters ist jetzt möglich. $EXTRACT(KETTE) entspricht $EXTRACT(KETTE,1).

$LENGTH

Die Angabe einer Zeichenkette als 2. Argument bewirkt die Übergabe der Häufigkeit dieser Zeichenkette plus 1. Dabei werden nur sich nicht überlappende Teilstrings gezählt.

Beispiele

```
$LENGTH("MISSISSIPPI","SS")=3
$LENGTH("MISSISSIPPI","ISSI")=2
```

$NEXT

$NEXT entspricht nun in allen Punkten der Wirkung von $ORDER, außer daß der Start- und Endwert -1 berträgt.

$ORDER

Da als Indizes einer Variablen beliebige Zeichenketten aus dem grafischen MUMPS-Zeichensatz zugelassen wurden, ist jetzt als neue Ordnungsfunktion $ORDER definiert worden. Der Start- und Endwert der Funktion ist der Leerstring "".

$PIECE

$PIECE gibt es nun in der zweiargumentigen Form. Dem früheren $PIECE("Text\Text","\",1) ist jetzt $PIECE("Text\Text","\") gleichwertig.
Zur linksseitigen Form der $PIECE-Funktion (SET $PIECE) verweisen wir auf den SET-Befehl.

$TEXT

$TEXT(+0) liefert den Namen des aktuellen MUMPS-Programms.

Sonstige Änderungen

Namespace Notation

Der neue Standard definiert eine weitere Form der Indirektion, die man benutzen kann, um die Indizierung indirekt angesprochener Variablen zu erleichtern.

Beispiel

SET NAME="VAR(1,2)",IND=3

dann ist @NAME@(IND) äquivalent mit VAR(1,2,3).

Mustervergleich mit Bereichsangabe

Der Wiederholungsfaktor beim Mustervergleich kann nun in einem Bereich liegen.

Beispiele

Z?2.5N bedeutet mindestens 2 bis höchstens 5 Ziffern
Z?.10N bedeutet keine oder höchstens 10 Ziffern
Z?5.N bedeutet mindestens 5 Ziffern

Naked Reference

Der neue Standard erlaubt die Referenzierung auf einen nicht definierten Indexlevel.

Beispiele

Die Anweisungen
KILL ^VAR IF '$DATA(^VAR(1,2)) SET ^(5)=5
setzt die Variable ^VAR(1,5) gleich 5.

Indizierung von Variablen

Als Indizes einer lokalen oder globalen Variablen sind jetzt beliebige Zeichenketten außer dem Leerstring zugelassen, deren Zeichenvorrat aus der Menge der grafischen Zeichen stammt.
Bei globalen Variablen gibt es eine Längenbegrenzung der Indizes. Die Länge aller Indizes plus die Anzahl aller Indizes plus der Länge des Namens der Variablen sollte aus Portabilitätsgründen 63 nicht übersteigen.
Wird 'naked reference' benutzt, dann gilt für die ausgeschriebene Form der Indizes die eben erwähnte Einschränkung.

Raum zwischen den Befehlen

Es ist jetzt gestattet, mehrere Leerzeichen zwischen einzelnen Befehlen zu schreiben, um die Lesbarkeit von Programmen zu erhöhen.

Verzeichnis der ASCII-Zeichen

MUMPS benutzt den 'USA Standard Code for Information Interchange' (ASCII) Zeichensatz. Die in den nachfolgenden Tabellen angegebene deutsche Übertragung entspricht DIN 66003. Die deutsche Referenz-Version definiert die deutschen Umlaute durch folgende Zeichen:

Umlaut	ASCII	gleich	Umlaut	ASCII	gleich
ä	123	{	Ä	91	[
ö	124	¦	Ö	92	\
ü	125	}	Ü	93	]
ß	126	~			

Der ASCII-Zeichensatz

Code	Zeichen	Bedeutung
00	NUL	Nil
01	SOH	Anfang des Kopfes
02	STX	Anfang des Textes
03	ETX	Ende des Textes
04	EOT	Ende der Übertragung
05	ENQ	Stationsaufforderung
06	ACK	Positive Rückmeldung
07	BEL	Klingel
08	BS	Rückwärtsschritt
09	HT	Horizontal-Tabulator

Code	Zeichen	Bedeutung
10	LF	Zeilenvorschub
11	VT	Vertikal-Tabulator
12	FF	Formularvorschub
13	CR	Wagenrücklauf
14	SO	Dauerumschaltung
15	SI	Rückschaltung
16	DLE	Datenübertragungsumschaltung
17	DC1	Gerätesteuerzeichen
18	DC2	Gerätesteuerzeichen
19	DC3	Gerätesteuerzeichen
20	DC4	Gerätesteuerzeichen
21	NAK	Negative Rückmeldung
22	SYN	Synchronisierung
23	ETB	Ende des Datenübertragungsblocks
24	CAN	Ungültig
25	EM	Ende der Aufzeichnung
26	SUB	Substitutionszeichen
27	ESC	Code-Umschaltung
28	FS	Hauptgruppentrennzeichen
29	GS	Gruppentrennzeichen
30	RS	Untergruppentrennzeichen
31	US	Teilgruppentrennzeichen

Code	Zeichen	Code	Zeichen	Code	Zeichen
32	Blank	64	@	96	`
33	!	65	A	97	a
34	"	66	B	98	b
35	#	67	C	99	c
36	$	68	D	100	d
37	%	69	E	101	e
38	&	70	F	102	f
39	'	71	G	103	g
40	(	72	H	104	h
41	)	73	I	105	i
42	*	74	J	106	j
43	+	75	K	107	k
44	,	76	L	108	l
45	-	77	M	109	m
46	.	78	N	110	n
47	/	79	O	111	o
48	0	80	P	112	p
49	1	81	Q	113	q
50	2	82	R	114	r
51	3	83	S	115	s
52	4	84	T	116	t
53	5	85	U	117	u
54	6	86	V	118	v
55	7	87	W	119	w
56	8	88	X	120	x
57	9	89	Y	121	y
58	:	90	Z	122	z
59	;	91	[	123	{
60	<	92	\	124	¦
61	=	93	]	125	}
62	>	94	^	126	~
63	?	95	_	127	Del

Literaturverzeichnis

Soweit wir wissen, gibt es noch keine deutschsprachige Literatur über Standard-MUMPS. Bei unseren Ausarbeitungen stützten wir uns auf folgende englischsprachige Literatur. Mitglieder der MUMPS Users' Group können alle Texte bei der auf der übernächsten Seite angegebenen Adresse bestellen.

Für Anfänger im Programmieren außerordentlich gut geeignet ist die Einführung:

/ 1/ Krieg, A.F. , Shearer, L.K. , Computer Programming in ANS MUMPS , MUMPS Users' Group 1981

Für erfahrene Programmierer in anderen Sprachen, die einen Überblick über die Möglichkeiten von MUMPS erhalten möchten, bietet sich folgender Text an:

/ 2/ Walters, R.F. , Bowie, J. , Wilcox, J.C. MUMPS Primer , MUMPS Users' Group 1983

Der erfahrene MUMPS-Programmierer findet in der folgenden Zusammenstellung Unterstützung in seiner Alltagsarbeit:

/ 3/ Sherertz, D. , ANS MUMPS Programmers' Reference Manual and ANS MUMPS Language Standard, MUMPS Users' Group 1981

Neben diesen Texten standen den Autoren noch folgende Schriften zur Verfügung:

/ 4/ Achtenberg, J. , Standard MUMPS Pocket Guide, MUMPS Users' Group 1978

/ 5/ , Protokoll der 24.Sitzung des MUMPS Development Committees , Nov. 1981

Der Anhang zu diesem Protokoll enthält die Vorschläge für die Spracherweiterungen.

Weiterhin haben wir die verschiedenen Ausgaben der MUG Quarterlies, der MUG Newsletter Europe und der Micro-MUMPS Newsletters benutzt.

Adresse der MUMPS Users' Group

Folgende Adresse liefert zusätzliche Informationen über MicroMUMPS oder über die im Text beschriebenen MUMPS Software-Systeme:

MUMPS Users' Group Europe
Prof. Dr. W. Giere, M.D.
Klinikum der J.W.Goethe-Universität
Zentrum der medizinischen Informatik
Theodor Stern Kai 7

D-6000 Frankfurt 70

Sachregister

MIX
Papier | Fördert gute Waldnutzung
FSC® C083411

Zeitfracht Medien GmbH
Ferdinand-Jühlke-Straße 7
99095 Erfurt, Deutschland
produktsicherheit@kolibri360.de